V&R

classica

Kompetenzorientierte lateinische Lektüre
Herausgegeben von Peter Kuhlmann

Band 10: Die Philosophie der Stoa:
Seneca, Epistulae morales
Bearbeitet von Peter Kuhlmann

Die Philosophie der Stoa:
Seneca, Epistulae morales

Bearbeitet von Peter Kuhlmann

Vandenhoeck & Ruprecht

Bibliografische Information der Deutschen Nationalbibliothek

Die Deutsche Nationalbibliothek verzeichnet diese Publikation in der Deutschen Nationalbibliografie; detaillierte bibliografische Daten sind im Internet über http://dnb.d-nb.de abrufbar.

ISBN 978-3-525-71107-1

Umschlagabbildung: Gagafoto@online.de

© 2016, Vandenhoeck & Ruprecht GmbH & Co. KG, Theaterstraße 13, D-37073 Göttingen /
Vandenhoeck & Ruprecht LLC, Bristol, CT, U.S.A.
www.v-r.de
Alle Rechte vorbehalten. Das Werk und seine Teile sind urheberrechtlich geschützt.
Jede Verwertung in anderen als den gesetzlich zugelassenen Fällen bedarf der vorherigen
schriftlichen Einwilligung des Verlages.
Printed in Germany.

Satz: SchwabScantechnik, Göttingen
Druck und Bindung: ⊕ Hubert & Co GmbH & Co. KG, Robert-Bosch-Breite 6, D-37079 Göttingen

Gedruckt auf alterungsbeständigem Papier.

Inhalt

I. Einleitung

Vorwort 7
Standards und Kompetenzen 8
Seneca: Leben und Werk 9

II. Texte

Tipps und Tricks für den Alltag

1. Der Einstieg: die Zeit richtig nutzen (Sen. ep. mor. 1) 12
2. Antike Briefe und Briefliteratur 14
3. Senecas rhetorische Technik in den Briefen 16
4. Was ist wahre Freundschaft? (Sen. ep. mor. 3,1–4) 18
5. Die Stoa 20

Philosophie und Ethik

6. Philosophie ist nützlich (Sen. ep. mor. 16, 1–5) 22
7. Philosophische Konzepte und traditionelle römische Kulturbegriffe 24
8. *Ratio* als Proprium und *virtus* des Menschen (Sen. ep. mor. 76,6–11) .. 26
9. Vernunft und *vita beata* (Sen. ep. mor. 76,12–16) 28
10. Das Verhältnis von Philosophie und Rhetorik 30

Theologie

11. Römische *religio* und Stoa (Sen. ep. mor. 41,1–4) 32
12. Göttlicher Geist und menschliche Seele (Sen. ep. mor. 41,5–8) 34
13. Antike Kultpraxis – Stoa – Christentum 36
14. Die richtige Götterverehrung (Sen. epist. 95,47–50) 38

Güterlehre

15. Vernunft und glückseliges Leben (Sen. epist. 92,1–4) 40
16. Äußere Güter und das Glück (Sen. ep. mor. 98,1–5) 42
17. Das Glück und die Güter im Leben 44

Affekte

18. Abwehr der Affekte (Sen. ep. mor. 116,3–5) 46
19. Kritik an der stoischen Affektenlehre (Sen. ep. mor. 85,1–7) 48

Fatum und *providentia*

20. Das göttliche Schicksal lenkt alles (Sen. prov. 1,1–6 Auszüge) 50
21. Leiden als Training für die *virtus* (Sen. prov. 2, 1–4) 52

Tod und Freitod

22. Tod und Leben (Sen. ep. mor. 61) 54
23. Darf man sich selbst töten? (Sen. ep. mor. 70, 4–8; 24) 56

Sklaverei und Freiheit

24. Wie soll man seine Sklaven behandeln? (Sen. ep. mor. 47, 1–6) 58
25. Sklaverei in der Antike 60
26. Sklaven sind auch Menschen (Sen. ep. mor. 47, 10–13) 62
27. Was ist ein Sklave? (Sen. ep. mor. 47, 16–20) 64

Weisheit und Bildung

28. Wert und Unwert der Schulbildung (Sen. ep. mor. 88, 1–4; 19–20; 32) 66
29. Antike Bildungskonzepte und die *artes liberales* 68

III. Anhang

Lernwortschatz 70
Wichtige Stilmittel und ihre Funktionen 78
Namensverzeichnis 80

Liebe Schülerinnen und Schüler,

mit dieser Textausgabe erhalten Sie einen fundierten Einblick in die Lehre der Stoa und daneben auch einen gewissen Überblick über wichtige Aspekte der antiken Philosophie im Allgemeinen. Vermittelt wird die stoische Lehre hier durch das Medium von Senecas Briefen, die die philosophischen Inhalte auf allgemeinverständliche Weise präsentieren und dabei auch viele Tipps für die praktische Lebensführung enthalten. Man könnte Seneca sicher als Populärphilosophen bezeichnen; im antiken Rom war er jedenfalls eine Art Star und auch nach seinem Tod haben seine Texte eine große Nachwirkung entfaltet. Insofern lohnt eine Lektüre Senecas heute noch.

Sprachlich sind die Texte von recht unterschiedlichem Schwierigkeitsgrad: Manche Textstellen lassen sich ohne größere Hilfen schnell verstehen, andere Stellen sind selbst unter heutigen Wissenschaftlern in ihrer Bedeutung umstritten. In dieser Ausgabe werden Ihnen einige Briefe mit abwechselnden lateinischen und deutschen Textpassagen präsentiert: So können Sie eine größere Textmenge bewältigen, als wenn Sie nur mit einem rein lateinischen Text arbeiten müssten.

Für die lateinischen Textstellen geben Ihnen die Buchstaben A, B, C hinter den Überschriften eine Einschätzung des Schwierigkeitsgrades:

A leicht/viele Hilfen;
B mittelschwer;
C schwierig/weniger Hilfen.

Hinweise zur Grammatik/wichtige Vokabeln: Vor der Lektüre können Sie die in der Fußzeile angegebenen Grammatikthemen und wichtige Vokabeln für das Textverständnis wiederholen. Dies hilft Ihnen, den entsprechenden Text leichter zu verstehen.

Lernvokabeln zu jedem Text befinden sich im Anhang der Ausgabe. Diese Auswahl ist zur Sicherung und Erweiterung Ihrer Wortschatzkenntnisse gedacht. Damit können Sie das Rüstzeug erarbeiten, um die Texte zu erschließen und kontextbezogen die passende Wortbedeutung zu finden. Wörter, die weder im Lernwortschatz enthalten noch als Hilfe angegeben sind, schlagen Sie im Wörterbuch nach.

Standards und Kompetenzen

Sprache: Ich kann …

- das philosophische Fachvokabular im Text richtig übersetzen,
- unbekannte Wörter aus dem Zusammenhang oder durch Ableitung erschließen.

Text: Ich kann …

- typische formale Merkmale des philosophischen Briefes benennen und im Text nachweisen (v. a. fiktiver Dialog, Sentenzen, Zitate, Exempla),
- Grundzüge der stoischen Lehre (v. a. Ethik) im Text nachweisen und mit modernen Vorstellungen vergleichen,
- typische Wertbegriffe der römischen Oberschicht (u. a. *virtus, honestum, amicitia*) aus dem Text herausarbeiten und mit stoischen Konzepten vergleichen,
- die stilistische Gestaltung des Textes beschreiben und dabei die für Seneca typischen Stilmittel benennen sowie ihre Funktion im Kontext erläutern (v. a. *brevitas*, Paradoxa, Antithese),
- Themen, Aufbau und Gedankenführung des Textes unter Nennung sinntragender lateinischer Begriffe beschreiben.

Kultur: Ich kann …

- die ethische Basis der stoischen Philosophie erläutern,
- die zentralen Teilaspekte des Stoizismus nennen und erläutern: Vernunft-, Tugend-, Güterlehre, Theologie, Affektlosigkeit,
- Unterschiede und Ähnlichkeiten zwischen stoischer Lehre und römischen Wertvorstellungen erläutern,
- die stoischen Lehren mit modernen Vorstellungen vergleichen.

Interpretation ganz praktisch: Leitfragen für Senecas Briefe

Sie können die Texte auch ganz selbstständig ohne Anleitung durch die Lehrkraft unter Verwendung von Leitfragen analysieren – hier ein paar Vorschläge:
- Welche Merkmale des philosophischen Briefes liegen vor?
- Welche Stilmittel liegen vor und welche Funktion haben sie?
- Welche stoischen Lehrsätze sind im Text nachweisbar?
- Wie ist der logische Ablauf/die Gedankenführung?
- Wie passen die philosophischen Lehren zu römischen Werten?
- Welche Gemeinsamkeiten/Unterschiede gibt es zu modernen Vorstellungen?

Seneca: Leben und Werk

Leben

Seneca stammt aus Córdoba in Spanien und wurde ca. 4 v. Chr. geboren. Er starb im Jahr 65 n. Chr. durch Freitod. Die Familie Senecas gehörte in Córdoba zu den führenden Familien: Eine ganze Reihe von berühmten Schriftstellern und Provinzverwaltern stammte aus ihr. So war Senecas Vater einer der berühmtesten Rhetoriker des Römischen Reiches. Senecas ältester Bruder war Provinzverwalter und Oberrichter in Griechenland. Dort dürfte er als Provinzverwalter dem Apostel Paulus begegnet sein, als der von der jüdischen Gemeinde von Korinth angeklagt wurde. Ein Neffe Senecas namens Lucan verfasste wiederum ein langes Gedicht über die römischen Bürgerkriege und den Untergang der römischen Republik *(Pharsalia)*.

Doppelherme Sokrates – Seneca
(© Wikimedia Commons)

In seiner Jugend war Seneca oft krank und litt besonders an einer schwachen Lunge. Die Krankheiten haben ihn so sehr belastet, dass er zeitweise daran dachte, sich das Leben zu nehmen. Er kam früh nach Rom, wo auch viele römische Adlige aus der Provinz ihre höhere Ausbildung erhielten. Der wesentliche Teil dieser Ausbildung bestand in der Rhetorik, denn alle Männer der Oberschicht benötigten für ihre Ämter in Politik und Verwaltung eine gründliche Ausbildung in der Redekunst. Senecas Schriften sind entsprechend stark von der Rhetorik geprägt.

Als Seneca schon erwachsen war, kam Kaiser Caligula (37–41 n. Chr.) an die Macht. Er hasste Seneca und schickte ihn in ein langjähriges Exil auf die Insel Korsika. Angeblich soll Seneca Ehebruch mit Caligulas Schwester (Iulia Livilla) begangen haben und wurde zum Tode verurteilt, allerdings wurde bei Angehörigen der Oberschicht die Todesstrafe in der Regel in ein Exil umgewandelt. Im Exil auf Korsika war Seneca fast acht Jahre vom gesellschaftlichen und kulturellen Leben abgeschnitten. Erst als Caligulas Nachfolger Claudius regierte (41–54 n. Chr.), setzte sich die neue Kaisergattin Agrippina für Seneca ein und beendete sein Exil. Agrippina war voller Bewunderung für den hochgelehrten Philosophen und machte ihn zum Erzieher für ihren Sohn Nero, der im Alter von nicht einmal ganz 17 Jahren Nachfolger von Kaiser Claudius wurde.

Nero war anfangs noch zu jung für die komplizierte Aufgabe, das Römische Reich zu regieren. Daher führten seine Mutter und Seneca zusammen mit dem Befehlshaber der kaiserlichen Leibgarde (Prätorianerpräfekt) Burrus einige Jahre die Regierung. In dieser

Zeit erlebte Seneca seine größten Erfolge: Er stieg über die Ämterlaufbahn bis in den Senat auf und wurde 56 n. Chr. Konsul. Auch geschäftlich lohnte sich die Herrschaft Neros für ihn: Er wurde neben dem Kaiser zum angeblich reichsten Mann im gesamten Imperium Romanum. Diesen Reichtum hat man ihm später oft angekreidet, so als passe viel Geld nicht gut zu einem echten Philosophen. Aber für Seneca persönlich spielte dieser Reichtum wahrscheinlich keine wichtige Rolle.

Als es zum Bruch zwischen Nero und seiner Mutter gekommen war und der Kaiser seine Mutter 59 n. Chr. sogar ermorden ließ, zog sich Seneca aus den Staatsgeschäften zurück. In dieser Zeit entstanden die *Epistulae morales,* sein heute bekanntestes literarisches Werk. Allerdings war Seneca schon zu berühmt, um der Politik ganz entfliehen zu können. Im Jahr 65 n. Chr., als Seneca schon fast 70 Jahre alt war, gab es eine Verschwörung einflussreicher Senatoren gegen Nero, bei der wahrscheinlich auch Seneca zumindest Mitwisser war. Nero deckte die Verschwörung auf und zwang Seneca dazu, sich selbst zu töten. Seneca nahm den Tod stoisch gelassen auf sich und starb fast wie Sokrates: Dieser bekannte Philosoph wurde von den Athenern zum Tode verurteilt und nahm im Gefängnis einen Giftbecher mit Schierling zu sich, der zum langsamen Tode führte. Bis kurz vor Eintritt seines Todes blieb er heiter und gelassen und philosophierte sogar mit seinen Freunden.

Tod Senecas (Manuel Domínguez Sánchez 1871, Museo del Prado, © Wikimedia Commons)

Seneca und die Stoa

Seneca gehört zu den sehr wenigen lateinisch schreibenden Philosophen in Rom. Vor ihm schrieben Lukrez und Cicero philosophische Schriften in lateinischer Sprache. Ansonsten bleibt auch in Rom und für lateinische Muttersprachler Griechisch die übliche Publikationssprache für philosophische Werke, was die kleine Schrift *eis heautón* des Kaisers Marc Aurel zeigt.

In Rom war die philosophische Richtung der Stoa nicht unbeliebt, weil sie mit ihren Lehren – v. a. der *virtus*-Auffassung – anschlussfähig an die Werte der römischen Nobilität war. Bekannte Stoiker in Rom waren z. B. der Caesar-Mörder Brutus, Musonius Rufus, der Grieche Epiktet und Kaiser Marc Aurel. Auch Cicero vertrat in einigen seiner Schriften stoische Auffassungen (z. B. *De officiis*). Seneca vertritt die Richtung der späten Stoa und geht in seinen Vorstellungen wieder auf den Rigorismus der alten Stoa (Chrysipp) zurück.

Werke

Neben den *Epistulae morales* sind von Seneca aus früheren Lebensperioden noch weitere philosophische Dialoge, Trostschriften und naturwissenschaftliche Abhandlungen erhalten, die alle auf dem stoischen System fußen. Zudem schrieb Seneca eine Reihe von Tragödien nach griechischen Vorbildern, die bekannte antike Mythen zum Inhalt haben (z. B. König Ödipus). Schließlich verfasste Seneca zum Tode des Kaisers Claudius 54 n. Chr. noch eine satirische Schrift *Apocolocyntosis* (»Verkürbissung« <des Claudius>), in der er den verstorbenen Kaiser auf drastische Weise verunglimpfte.

Senecas Stil und Sprache

In seinen Schriften verwendet Seneca einen sehr prägnanten und individuellen Sprachduktus, der in vieler Hinsicht das Gegenteil von Ciceros klassischem Stil darstellt: Die Sätze sind meist kurz und sentenzhaft, aber inhaltlich dicht und aufgrund der häufigen Paradoxien nicht immer gleich verständlich. Meist stehen die Sätze auch ohne Konnektoren unverbunden nebeneinander, sodass der Leser den logischen Zusammenhang zwischen den Sätzen selbst herstellen muss. Allerdings verwendet Seneca an vielen Stellen Beispiele oder Vergleiche, um die philosophischen Lehren zu illustrieren oder auch ins Praktische zu wenden.

Der sentenzhafte Stil bietet gute Möglichkeiten für die praktische Arbeit am Text: So können Sie sich bei der Lektüre die schönsten oder auch für Sie absurdesten Sentenzen heraussuchen und sich hierzu eine Sentenzsammlung erstellen. Wer sich für Seneca begeistert, kann so eine Art Seneca-Kalender mit den besten »Kalendersprüchen« für sich anlegen.

Tipps und Tricks für den Alltag

1. Der Einstieg: die Zeit richtig nutzen (Sen. ep. mor. 1: A)

Seneca beginnt seine Briefsammlung mit einem sehr allgemeinen Thema: der Zeit. Viele seiner Leser hatten schon damals das Gefühl, keine Zeit zu haben. Seneca gibt ihnen Tipps, wie sie die Zeit richtig nutzen können.

Ita fac, mi Lucili: vindica[1] te tibi; et tempus, quod adhuc aut auferebatur[2] aut subripiebatur[3] aut excidebat, collige et serva. Persuade tibi hoc sic esse, ut scribo: quaedam tempora eripiuntur[4] nobis, quaedam subducuntur[5],
5 quaedam effluunt. Turpissima tamen est iactura[6], quae per neglegentiam fit. Et si volueris attendere[7], magna pars vitae elabitur[8] male agentibus[9], maxima nihil agentibus[9], tota vita aliud[10] agentibus[9]. *Wen kannst du mir nennen, der der Zeit irgendeinen Wert beimisst, der den*
10 *Tag wertschätzt, der versteht, dass er täglich stirbt? Denn darin irren wir, dass wir den Tod als etwas Zukünftiges auffassen: Zum großen Teil ist er schon an uns vorüber gegangen;* quidquid aetatis retro est[11], mors tenet. Fac ergo, mi Lucili, quod facere te scribis: omnes horas
15 complectere[12]! sic fiet, ut minus ex crastino[13] pendeas[14], si hodierno[15] manum ieceris[16]. Dum differtur[17], vita transcurrit. Omnia, Lucili, aliena sunt, tempus tantum nostrum est; in huius rei unius fugacis[18] ac lubricae[19] possessionem natura nos misit, ex qua <nos> expellit,
20 quicumque vult. *Und so groß ist die menschliche Dummheit, dass man das Kleinste und Unwichtigste wieder zurückerstatten muss – sofern es erstattbar ist; niemand aber, dem man Zeit geschenkt hat, fühlt sich als Schuldner; dabei kann nicht einmal der Dankbare Zeit zurück-*
25 *erstatten.*

1 **vindicāre**: befreien, beanspruchen – 2 **auferre**: stehlen, fortnehmen – 3 **subripere**: heimlich rauben

4 **ēripere**: entreißen
5 **subdūcere**: heimlich entziehen
6 **iactūra**: Verlust – 7 **attendere**: achtgeben – 8 **ēlābī**: entgleiten
9 **agere**: *hier:* handeln – 10 **aliud**: *hier:* etwas anderes als das Richtige; etwas Nutzloses

11 **retrō esse**: zurückliegen, vergangen sein

12 **complectī**: *hier:* richtig nutzen
13 **crāstinum**: der morgige Tag
14 **pendēre ex**: abhängig sein von – 15 **hodiernum**: der heutige Tag – 16 **manum inicere**: an sich reißen – 17 **differre**: aufschieben
18 **fugāx**: flüchtig – 19 **lūbricus**: glitschig, unsicher

Interrogabis fortasse, quid ego faciam, qui tibi ista praecipio[20]. Fatebor ingenue[21]: <id,> quod apud luxuriosum[22] sed diligentem evenit – ratio[23] mihi constat[23] impensae[24]. Quid ergo est? non puto pauperem <eum>, cui quantulumcumque[25] superest satis est; tu tamen malo[26] serves tua; et bono tempore incipies. Nam, ut visum est maioribus nostris, ›sera parsimonia in fundo est‹[27]; non enim tantum minimum in imo[28], sed pessimum remanet. Vale.

20 praecipere: Vorschriften machen – **21 ingenuus:** ehrlich
22 luxuriōsus: üppig lebend
23 ratiō cōnstat: die Buchführung stimmt – **24 impēnsa:** Kosten, Ausgaben – **25 quantulumcumque:** wie wenig auch immer – **26 mālō** + *Konj.*: ich möchte lieber, dass …
27 sēra … est: *etwa:* zu spät kommt die Sparsamkeit, wenn man schon mit den Vorräten am Boden des Fasses angelangt ist
28 īmum: *hier:* der Boden (des Fasses)

1 *Vor der Übersetzung:* Suchen Sie Ausdrücke zum Sachfeld »Zeit« im Text.
2 Die Zeit wird am Beginn metaphorisch mit Geld bzw. einem Besitz gleichgesetzt *(tempus auferre/subripere):* Stellen Sie weitere Beispiele für solche Metaphern aus dem Text zusammen und erklären Sie den Zweck der Darstellung.
3 Im Text wird Lucilius explizit als Briefpartner angeredet: Untersuchen Sie, an welchen Stellen sich die Ratschläge auf Lucilius speziell beziehen und wo sich das allgemeine Lesepublikum angesprochen fühlen könnte.
4 Seneca schreibt auch von sich selbst: Beschreiben Sie das Selbstbild, das Seneca im Brief von sich abgibt – begründen Sie, warum Seneca sein Brief-Ich so konstruiert.
5 Diskutieren Sie, welche Briefinhalte Sie als »Philosophie« bezeichnen würden und welche eher nicht.
6 Stellen Sie Punkte aus dem Brief zusammen, die Sie auch heute noch für einen praktischen Lebensratgeber verwenden könnten.

8 Vokabeln ableiten: Komposita

Um die Briefe Senecas zu übersetzen, müssen Sie nicht unbedingt sehr viele Vokabeln können. Mit rund 600 Wörtern kommen Sie bei Seneca meist zurecht. Denn von diesen Basisvokabeln können Sie sehr viele weitere seltenere Wörter ableiten. Hier im Text z. B.: *auferre* < *ab* + *ferre* »weg-nehmen«; *subripere* < *sub* + *rapere* »heimlich rauben«; *excidere* < *ex* + *cadere* »heraus-fallen« … (suchen Sie weitere Beispiele).

Bei vielen Verben verändert sich der Vokal in der Wurzel durch die Zusammensetzung, besonders häufig ist der Wechsel von *a/e* → *i*: c<u>a</u>dere → exc<u>i</u>dere und l<u>e</u>gere → coll<u>i</u>gere.

Bevor Sie also diese Wörter im Wörterbuch nachschlagen, sollten Sie zunächst selbst überlegen, was das Wort im Kontext bedeuten könnte.

2. Antike Briefe und Briefliteratur

Briefformen und Material

In antiker Zeit gab es bereits eine verbreitete Kommunikation durch das Medium des Briefes. Vermutlich besaßen seit hellenistischer Zeit große Teile der Bevölkerung ein gewisses Mindestmaß an Lese- und Schreibkenntnissen oder hatte zumindest Zugang zu anderen schreibkundigen Personen, die eine briefliche Kommunikation ermöglichten. Briefe wurden im Alltag und in der Verwaltung ähnlich wie heute verwendet, um Grüße oder wichtige Nachrichten (Geburt, Hochzeit, Tod, Befehle, amtliche Berichte etc.) zu übermitteln. Meist wurden Briefe auf Papyrusblätter geschrieben, diese dann zusammengefaltet, gesiegelt und außen mit der Angabe von Adressat und Absender versehen. Diese Alltags- und Verwaltungsbriefe enthielten ähnlich wie heutige Briefe feste formelhafte Elemente, so das Präskript mit der Grußformel *Seneca Lucilio suo <salutem dicit>*, d. h. etwa »Seneca übermittelt seinem (lieben) Lucilius Grüße«; am Schluss der Briefe gab es eine abschließende Grußformel wie bei Seneca *vale* »lebe wohl«.

Neben dieser Alltagskommunikation konnten Briefe in Griechenland auch schon andere Funktionen übernehmen, die in Richtung eines »offenen Briefes« gingen. So schrieb etwa der hellenistische Philosoph Epikur (341–271 v. Chr.) an seine Schüler Lehrbriefe: Diese Briefe waren zwar an bestimmte Einzelpersonen adressiert, sollten aber bei einem breiteren Lesepublikum kursieren, um Epikurs Lehre bekannt zu machen. In dieser Tradition stehen prinzipiell auch die Briefe Senecas.

Papyruspflanze   Papyrus-Fragment

Senecas *Epistulae morales* als literarisch-philosophische Briefe

Seneca verwendet die Form des literarischen, d. h. sorgfältig stilisierten und publizierten Briefes zur Propagierung seines philosophischen Programms; dabei inszeniert er einen persönlichen Kontakt zu seinem Adressaten Lucilius. Lucilius stammt aus eher bescheidenen Verhältnissen und ist in der römischen Verwaltung aufgestiegen; er ist philosophisch interessiert, aber im Bereich der Philosophie ein Laie.

Ob es sich bei Lucilius wirklich um eine historische Persönlichkeit handelt (wahrscheinlich ist es so), ist für die Interpretation der Briefe fast irrelevant. Lucilius repräsentiert in

Manchem den idealen Leser der Briefe und steht somit für ein weiteres oberschichtliches Lesepublikum. Die *Epistulae morales* – eigentlich »Briefe zur Ethik« – können zwar im Einzelnen durchaus auf wirklich verschickten Briefen Senecas beruhen, allerdings handelt es sich bei den uns vorliegenden Briefen um ein von Seneca publiziertes Briefkorpus. Die Briefe konnten also im römischen Buchhandel in Form von echten Büchern (d.h. Buchrollen) von einem größeren Lesepublikum gekauft werden.

Das schreibende Ich der Briefe tritt mit dem Leser in einen intensiven und persönlichen Kontakt. Dies soll die Überzeugungskraft der philosophischen Argumentation erhöhen. Ob die Briefe also wirklich einmal an einen Lucilius abgeschickt wurden oder nicht, ist im Grunde für den Leser unerheblich. Wichtig ist, dass die Briefe publiziert wurden, was von vornherein jeden zeitgenössischen Leser der Texte zu einem intendierten »Adressaten« machte. Das schreibende Ich gestaltet der Autor Seneca als einen dem Adressaten Lucilius befreundeten Lehrer, der selbst noch auf dem Weg zum wahren Weisen ist: Der Lehrer ist dem Schüler also in gewisser Weise nur wenige Lektionen voraus. Diese inszenierte Kommunikationssituation soll dem breiteren Lesepublikum die Lektüre offensichtlich angenehmer machen und den Eindruck dogmatischer Enge und unerreichbarer Überlegenheit vermeiden, wie sie aus anderen philosophischen Lehrschriften (z. B. Epikur) bekannt war.

Als moderner Leser kann man sich aufgrund der didaktischen Darstellungsform durchaus auch von diesen Briefen persönlich angesprochen fühlen. Gleichwohl muss man bedenken, dass das Zielpublikum der Briefe nur eine hauchdünne, gebildete Oberschicht im Römischen Reich bildete, das einen ähnlichen Erfahrungshorizont wie Seneca selbst besaß. In diesem Zusammenhang müssen wir uns heute auch die sozialen Bedingungen antiker Literatur-Rezeption klarmachen: Da Seneca aufgrund seiner politischen Karriere zu seiner Zeit eine der bekanntesten Persönlichkeiten des Imperium Romanum war und die philosophisch interessierte Leserschaft sich im Wesentlichen auf die zahlenmäßig sehr kleine Oberschicht der Nobilität beschränkt haben dürfte, werden die zeitgenössischen Leser Seneca zum größten Teil persönlich gekannt haben und konnten sich ihn und seine Stimme bei der Lektüre direkt vorstellen.

Diatribe
Senecas Briefe lehnen sich an die Form der sogenannten Diatribe an, in der z. T. predigtartig auch für Laien philosophische Inhalte vermittelt werden sollen. Typische Merkmale sind dabei: ein scheinbarer Dialog zwischen einem fiktiven Gesprächspartner *(interlocutor)*, der Einwände vorbringt, die dann im weiteren Text widerlegt werden; praktische Beispiele und Exempla, um die Inhalte der Briefe zu veranschaulichen; Verzicht auf philosophische Fachterminologie; fehlende Systematik und thematische Abwechslung.

3. Senecas rhetorische Technik in den Briefen

Scheinbarer Verzicht auf Philosophie

Wenn man Senecas ersten Brief liest, kann man erstaunt sein: Eigentlich würde man wegen des Autors sicher einen philosophischen Brief mit stoischen Lehrsätzen erwarten. Doch der erste Brief enthält allenfalls ein paar allgemeinphilosophische Ratschläge, die man ohne Weiteres auch als Lebensregeln aus der Perspektive des gesunden Menschenverstandes bezeichnen könnte. Dieser Verzicht auf philosophische Inhalte speziell in den ersten Briefen der *Epistulae morales* dürfte ein rhetorischer Trick sein: Seneca tut so, als verkaufe er mit seinen Briefen allgemeine Ratschläge für den Alltag, die für die meisten Leser – auch ohne philosophische Interessen – plausibel und praxistauglich erschienen. Wenn Seneca dann später durchaus stoische Lehrsätze thematisiert, könnte sich bis dahin der Eindruck verfestigt haben, die Stoa sei eigentlich mit dem gesunden Menschenverstand gleichzusetzen. Dies ist dann auch eine perfekte Werbung für diese philosophische Richtung, die wegen ihrer eigentlich sehr dogmatischen Ausrichtung nicht bei allen Römern Anerkennung fand.

Eine ähnliche Technik verwenden auch publikumswirksame Prediger aus christlichen Kreisen: Um zu missionieren, fangen auch sie häufig nicht mit besonders heiklen Dogmen wie der Erbsündenlehre oder der unbefleckten Empfängnis Marias an, sondern mit ganz lebenspraktischen Tipps zum Alltag der Zuhörer.

Der Stil

Ein weiteres rhetorisches Mittel ist ganz konkret die schon in der Einleitung angesprochene sprachliche Gestaltung mit zahllosen Stilmitteln (Anaphern, Asyndeta, Trikola, Antithesen etc.); besonders charakteristisch für Senecas Stil ist der weitgehende Verzicht auf satzverbindende Elemente wie z. B. Konnektoren. Besonders bei Cicero und Caesar sind in der Regel fast alle Sätze in irgendeiner Weise sprachlich miteinander verbunden, z. B. durch Partikeln wie *autem, enim, sed, nam* etc., durch Pronomina *(is, hic)* bzw. relativische Satzanschlüsse oder durch satzverbindende Partizipialkonstruktionen wie z. B. *quibus rebus factis*. Hierauf verzichtet Seneca weitestgehend, wodurch der Textaufbau oft nicht leicht zu verstehen ist. Meist muss man die entsprechenden Passagen mehrfach lesen, um den logischen Zusammenhang zwischen den Einzelsätzen richtig zu verstehen. Auf der Satzebene entspricht dem der Gebrauch vieler Asyndeta; Seneca verzichtet auf die Konnektoren *et, atque* oder *-que*. Hinzu kommen viele Ellipsen von Satzgliedern, die aus dem Zusammenhang zu ergänzen sind. Daher spricht man häufig auch von Senecas »Staccato-Stil« oder von seiner »Brevitas«.

Diese Art zu schreiben bewirkt zusammen mit den vielen Metaphern und uneigentlichen Wortbedeutungen eine verlangsamte Lektüre der Briefe, da sich kein durchgehender Lesefluss einstellen kann. Im Gegenteil, der Leser ist genötigt, über fast jeden einzelnen Satz erst einmal etwas zu meditieren und den Textsinn für sich im Kopf zu rekonstruieren. Verstärkt wird dieser Leseeindruck noch durch die vielen eingeschalteten Sentenzen, d. h. sprichwortartige allgemeine Aussagen, die inhaltlich gar nicht Teil eines Textes sein müssten, sondern auch isoliert wie heutige Kalendersprüche stehen könnten.

Dieser Schreibstil sei an einer Passage aus dem 1. Brief illustriert:

Interrogabis fortasse,
quid ego faciam, qui tibi ista praecipio.
Fatebor ingenue:
quod apud luxuriosum, sed diligentem evenit,
ratio mihi constat impensae.

Hier ließe sich für einen flüssigeren Schreibstil ergänzen (kursiv):

Interrogabis fortasse,
quid ego faciam, qui tibi ista praecipio.
Itaque fatebor ingenue, *quid faciam:*
Id, quod apud *hominem* luxuriosum sed diligentem evenit,
apud me quoque evenit:
ratio *enim* mihi constat impensae.

Abgesehen von dem verknappten Stil sind hier die übertragenen Wortbedeutungen auffällig: Metaphorisch wendet Seneca Begriffe aus dem Rechnungswesen auf die »Verbuchung« von Zeit an (*ratio constat* »die Rechnung stimmt«, *impensa* »finanzieller Aufwand«), so als handle es sich bei der Zeit um etwas Materielles, Zählbares; schon die Adjektive *luxuriosus* und *diligens* legen eigentlich einen ganz anderen Zusammenhang nahe, nämlich das Zählen und sorgfältige Verwalten von Geld.

(© Thomas Novotny/toonpool.com)

4. Was ist wahre Freundschaft? (Sen. ep. mor. 3,1–4: A)

In einem Brief an Lucilius legt Seneca dar, was für ihn wahre Freundschaft bedeutet. Dabei beleuchtet er das Thema aus einer psychologischen Perspektive.

Du hast – schreibst du – deinem Freund den Brief mitgegeben, um ihn mir zu überbringen; deinde admones me, ne omnia cum eo ad te pertinentia[1] communicem[2], quia non soleas ne ipse quidem id facere: ita eādem
5 epistulā illum *et* dixisti[3] amicum *et* negasti. *Wenn du nun dieses spezielle Wort ›Freund‹ gewissermaßen in allgemeinsprachlicher Bedeutung benutzt hast, mag das noch angehen;* sed si aliquem amicum existimas, cui non tantundem[4] credis[5] quantum[4] tibi, vehementer
10 erras et non satis nosti[6] vim[7] verae amicitiae.
Tu vero omnia cum amico delibera, sed de ipso[8] prius: post amicitiam[9] credendum est, ante amicitiam[9] iudicandum. Isti vero praepostero[10] officia permiscent, qui, cum amaverunt, iudicant[11], et non amant cum iudi-
15 caverunt[11]. Diu cogita, an[12] tibi in amicitiam aliquis recipiendus sit. Cum placuerit[13] fieri, toto illum pectore admitte; tam audaciter[14] cum illo loquere quam tecum. Tu quidem ita vive, ut nihil[15] tibi committas[16] nisi[15] <id,> quod committere[16] etiam inimico tuo possis; sed
20 quia interveniunt[17] quaedam, quae consuetudo fecit arcana[18], cum amico omnes curas, omnes cogitationes tuas misce. *Wenn du ihn für treu hältst, wirst du ihn auch zu einem treuen Freund machen; denn manche veranlassen andere erst durch ihr Misstrauen zu unehr-*
25 *lichem Verhalten.* Quid est, quare[19] ego ulla verba coram[20] amico meo retraham? Quid est, quare[19] me coram[20] illo non putem solum?

1 pertinēre ad aliquem: jemanden betreffen – **2 commūnicāre aliquid cum aliquō:** jemandem etw. mitteilen – **3 dīcere** *mit dopp. Akk.:* nennen

4 tantundem … quantum: genausoviel … wie – **5 crēdere:** *hier:* vertrauen – **6 nōstī** = nōvistī – **7 vīs:** *hier:* Bedeutung – **8 dē ipsō** = dē amīcō – **9 post/ante amīcitiam:** nach/vor dem Schließen einer Freundschaft – **10 praeposterō:** in verkehrter Weise – **11 iūdicāre:** sich ein Urteil bilden – **12 an:** ob – **13 (mihī) placuit** + *Inf./AcI:* (ich) habe beschlossen – **14 audāc(i)ter:** *hier:* beherzt, offen

15 nihil … nisī: nichts … außer; nur – **16 committere:** anvertrauen – **17 intervenīre:** vorkommen, auftreten – **18 arcānum:** Geheimnis

19 quid est, quārē + *Konj.:* warum – **20 cōram** + *Abl.:* gegenüber, vor

Quidam <ea>, quae tantum amicis committenda¹⁶ sunt, obviis²¹ narrant; quidam rursus etiam carissimorum
30 conscientiam²² reformidant²³ et, si possent, ne sibi quidem credituri interius²⁴ premunt omne secretum. Neutrum faciendum est. Utrumque enim vitium est: et omnibus credere⁵ et nulli; sed alterum honestius dixerim vitium, alterum tutius²⁵.

21 obvius: zufälliger Passant
22 cōnscientia: Mitwisserschaft, Vertrauen – **23 reformīdāre:** fürchten – **24 interius:** (allzu) tief nach innen – **25 tūtus:** sicher

1 *Vor der Übersetzung:* Definieren Sie kurz, was »Freundschaft« für Sie bedeutet.
2 Der Text enthält einige paradoxe Aussagen (z. B. Z. 5 *illum et dixisti amicum et negasti*): Arbeiten Sie diese heraus und erklären Sie den jeweiligen Sinn.
3 Stellen Sie Senecas Definitionen von *amicitia* im Brief zusammen und vergleichen Sie diese mit den Auffassungen von Cicero und Aristoteles sowie mit der politischen *amicitia* in Rom (s. u.).
4 Vergleichen Sie Ihre Auffassung von Freundschaft mit diesen antiken Konzepten: Wo finden Sie Unterschiede, wo Gemeinsamkeiten?

K *amicitia* in Rom

Der römische Begriff *amicitia* konnte ähnlich wie unser Begriff »Freundschaft« unterschiedliche Dinge bezeichnen: Einmal fiel hierunter die enge persönliche Freundschaft zwischen zwei oder mehreren Menschen im privaten Raum; zum anderen bezeichnete der Begriff auch die politische Freundschaft als Institution – ähnlich wie man heute von »politischen Freunden« spricht. An auswärtige, mit Rom verbündete Machthaber wurde häufig vom Senat der offizielle Titel *amicus populi Romani* verliehen. Von diesem eher politischen Freundschaftsbegriff ist auch Ciceros *amicitia*-Konzept beeinflusst: In seinem Dialog *De amicitia* führt er aus, echte Freundschaft sei v. a. zwischen sozial gleichrangigen Menschen mit ähnlichen politischen Interessen und ethischen Grundsätzen möglich.

In der antiken Philosophie wurde das Thema Freundschaft nicht häufig behandelt: Immerhin spielte sie bei Epikur (342–270 v. Chr.) eine zentrale Rolle, d. h. die aktiv gepflegte Freundschaft sollte der philosophischen Diskussion dienen und den Menschen in seiner moralischen Entwicklung unterstützen. Aristoteles (384–322 v. Chr.) definiert in seiner Schrift *Nikomachische Ethik* (8,3 f.) echte Freundschaft als uneigennützige und beständige Beziehung zwischen Menschen, die einander in ihren moralischen Qualitäten gleichkommen.

5. Die Stoa

Geschichte der Stoa

Die Stoa wurde um 300 v. Chr. von Zenon aus Kition (Zypern) in Athen gegründet. Benannt ist sie nach der bunt bemalten Säulenhalle (gr. *stoá poikílē*) auf dem Marktplatz von Athen, in der die Stoiker lehrten. Man unterscheidet eine ältere Stoa mit eher rigorosen philosophischen Ansichten und eine mittlere Stoa mit den Hauptvertretern Panaitios (ca. 180–110 v. Chr.) und Poseidonios (ca. 135–51 v. Chr.), die beide in Rom wirkten und eine etwas mildere und lebensnähere Philosophie gelehrt haben. Die spätere Stoa wird repräsentiert von Seneca und dem Kaiser Marc Aurel (121–180 n. Chr.), die wieder zur strengen Lehre der älteren Stoa zurückkehrten. In der römischen Kaiserzeit waren die Lehren der Stoa als Teil der Allgemeinbildung in der Oberschicht bekannt. Auch das Christentum ist in Vielem von stoischen Lehren geprägt.

Stoa des Attalos auf der Agora von Athen (© Wikimedia Commons)

System der Stoa in Kurzfassung

Physik: Das Urelement ist das Feuer, aus dem die übrigen Elemente stammen. Die Materie ist von dem göttlich gedachten *lógos* (Geist, Weltvernunft) durchzogen. In regelmäßigen Abständen verbrennt der Kosmos und entsteht immer wieder neu. Die Naturwissenschaft spielte eine wichtige Rolle für die Stoiker, denn Naturerkenntnis befreit den Menschen von irrationalen Ängsten, etwa wenn er im Gewitter eine rational erklärbare physikalische Erscheinung sieht und nicht das Wirken des zornigen Zeus.

Theologie: Der göttliche Geist »wohnt« in der ganzen Welt, sodass man von einem pantheistischen Gottesbild spricht, d. h. die Götter sind nicht als einzelne personenhafte Wesen gedacht. Der Göttervater Zeus gilt als Allegorie oder Metapher für den göttlichen Weltgeist. Der göttliche Geist plant das gesamte Weltgeschehen, das daher vorherbestimmt ist; dieses Schicksal (gr. *heimarménē*) lässt kein wirklich freies Handeln der Menschen zu.

Ethik: Das Handeln des Menschen muss sich an der Vernunft *(lógos)* als der typisch menschlichen Natur orientieren, also rational sein; dieses Prinzip nennen die Stoiker »nach der Natur leben«. Dieses »naturgemäße« (d. h. rationale) Leben führt den Menschen zum Glück (gr. *eudaimonía*). Die Anwendung der Vernunft leitet den Menschen schließlich zum ethisch guten (gr. *agathón*) Handeln an.

Affektenlehre: Psychologisches Ziel ist die Freiheit von Affekten (gr. *apátheia*); dazu gehören: Lust, Unlust, Begierde und Furcht. Die »Lust« ist also hier nicht mit dem »Glück« gleichzusetzen! Das stoische Glück besteht eher in der Apathie. Die mittlere Stoa ließ allerdings ein gewisses Maß an Affekten zu, solange sie den Menschen nicht handlungsunfähig machten.

Güterlehre: Ein Gut ist nur etwas Unverlierbares, nichts Materielles. Als höchstes Gut wird die »Tugend« (gr. *areté*) bzw. die Vernunft (gr. *lógos*) als die für den Menschen typische »Tugend« definiert. Unter Tugend ist hier eine ethisch gute innere Einstellung und das daraus resultierende moralisch verantwortliche Handeln zu verstehen. Alle anderen guten oder schlechten Dinge im Leben sind »irrelevant« (gr. *adiáphora*), weil sie nichts zur Tugend beitragen oder eben auch wieder verloren gehen können (z. B. Reichtum, gesellschaftlicher Erfolg). Allerdings unterscheidet die Stoa zwischen vorzuziehenden (gr. *proēgména*: Gesundheit, Freundschaft, Befriedigung der Grundbedürfnisse etc.) und zu meidenden (gr. *apoproēgména*: Krankheit, Tod, Armut etc.) Adiaphora. Die mittlere Stoa erkannte eine gewisse Relevanz auch äußerer Güter für das Glück des Menschen an.

1. In der römischen Stoa werden die meisten griechischen Fachbegriffe ins Lateinische übersetzt: *lógos: ratio – heimarménē: fatum – eudaimōn: beatus – apátheia: tranquillitas animi – areté: virtus – agathón: honestum*. Erstellen Sie eine Tabelle mit den lateinischen Termini und fügen Sie die jeweilige stoische Definition an. Vergleichen Sie mithilfe eines Wörterbuches diese Definitionen mit den sonst gängigen Bedeutungen dieser Begriffe.
2. Recherchieren Sie (z. B. durch Befragungen, Wörterbücher, Internet), was »Tugend« heute alles bedeuten kann, und vergleichen Sie Ihr Ergebnis mit dem stoischen Konzept.
3. Nennen Sie Elemente der stoischen Philosophie, die man heute eher dem Bereich der Religion zuweisen würde.
4. Untersuchen Sie die Kernsätze der stoischen Ethik und der Affektenlehre auf ihre lebenspraktische Verwendbarkeit – überlegen Sie sich auch praktische Beispiele.
5. Stellen Sie zentrale »Güter« Ihres Lebens zusammen, d. h. Ihnen besonders wichtige Dinge; überlegen Sie, ob diese »Güter« auch im stoischen Sinne Güter wären.

Wert der Tugend

Philosophie und Ethik

6. Philosophie ist nützlich (Sen. ep. mor. 16, 1–5: B)

Seneca beschreibt im folgenden Brief, welche Rolle die Philosophie im Leben des Lesers einnehmen sollte und wie die Philosophie den Menschen beschützt.

Scio, Lucili, hoc tibi liquere[1] neminem posse beate vivere (ne tolerabiliter quidem) sine sapientiae studio, et beatam vitam perfectā sapientiā effici[2], ceterum[3] tolerabilem <vitam effici[2]> etiam inchoatā <sapientiā>[4].
5 Sed hoc, quod liquet, firmandum et altius cotidianā[5] meditatione[6] figendum[7] est: plus operis[8] est in eo, ut proposita[9] custodias, quam ut honesta proponas[10]. Perseverandum est et assiduō[11] studio robur addendum, donec bona mens[12] sit, quod bona voluntas est. Illud
10 ante omnia vide, utrum in philosophia an in ipsa vita profeceris[13].

Non est philosophia populare artificium[14] nec ostentationi[15] paratum[16]; non in verbis sed in rebus est. Nec in hoc[17] adhibetur, ut cum aliqua oblectatione[18] consu-
15 matur dies, ut dematur otio nausia[19]: animum format et fabricat[20], vitam disponit, actiones regit, agenda et omittenda[21] demonstrat. Sine hac nemo intrepide potest vivere, nemo secure; innumerabilia accidunt singulis horis, quae consilium exigant[22], quod ab hac
20 petendum est.

Dicet aliquis: ›quid mihi prodest philosophia, si fatum est? quid prodest, si deus rector[23] est? quid prodest, si casus[24] imperat? Nam et mutari certa[25] non possunt et nihil praeparari potest adversus incerta, sed aut consi-
25 lium meum deus occupavit[26] decrevitque, quid facerem, aut consilio meo nihil fortuna permittit.‹

1 (tibi) liquet + *AcI*: (dir) ist klar, dass – **2 efficere**: erreichen, bewirken – **3 cēterum**: *bei Seneca*: jedoch – **4 inchoātā sapientiā**: wenn man mit dem Studium der Weisheit gerade erst angefangen hat – **5 cotīdiānus**: täglich – **6 meditātiō**: Überlegen, Nachdenken – **7 fīgere**: (fest) einprägen – **8 opus, -eris** *n.*: Mühe – **9 prōpositum**: Vorsatz – **10 prōpōnere**: sich etw. vornehmen – **11 assiduus**: beharrlich – **12 bona mēns**: richtige Einstellung – **13 prōficere, -ficiō, -fēcī, -fectum**: Fortschritte machen

14 artificium: Kunstfertigkeit
15 ostentātiō: Angeberei
16 parātus + *Dat.*: gedacht für, ausgerichtet auf – **17 in hoc**: *hier* zu dem Zweck – **18 oblectātiō**: Genuss – **19 nausia**: Langeweile, Überdruss – **20 fabricāre**: schmieden, bilden – **21 ōmittere**: unterlassen – **22 exigere**: (er-)fordern

23 rēctor: Lenker, lenkend
24 cāsus: Zufall – **25 certus**: vorherbestimmt, festgelegt
26 occupāre: vorwegnehmen, zuvorkommen

Quidquid est ex his, Lucili, vel si omnia haec sunt, philosophandum est; sive nos inexorabili²⁷ lege fata constringunt²⁸, sive arbiter²⁹ deus universi³⁰ cuncta dis-
30 posuit³¹, sive casus²⁴ res humanas sine ordine impellit et iactat, philosophia nos tueri debet. Haec adhortabitur, ut deo libenter pareamus, ut fortunae contumaciter³²; haec docebit, ut deum sequaris, feras casum²⁴.

27 **inexōrābilis:** unerbittlich
28 **cōnstringere:** binden
29 **arbiter:** Richter, Herr
30 **ūniversum:** das All
31 **dispōnere,** -pōnō, -posuī, -positum: lenken

32 **contumāciter:** trotzig

1 Suchen Sie die Belege für *sapientia* und *philosophia* aus dem Text heraus und begründen Sie, warum Seneca jeweils welchen Begriff wählt.
2 Beschreiben Sie wichtige Leistungen und Ziele der Philosophie im Text.
3 Weisen Sie Elemente der stoischen Fatum-Lehre im Text nach (s. a. S. 20).
4 Suchen Sie nach Ähnlichkeiten zwischen Senecas philosophischem Modell und modernen religiösen Vorstellungen (z. B. die Rolle Gottes).
5 Im zweiten Absatz kritisiert Seneca indirekt das Verhalten mancher gebildeter Zeitgenossen: Erschließen Sie deren Umgang mit Philosophie aus dem Text.
6 Weisen Sie Elemente dialogischen Stils und der Diatribe (s. o. S. 15–17) im Text nach.

7. Philosophische Konzepte und traditionelle römische Kulturbegriffe

Mehrdeutigkeit philosophischer Kernbegriffe

In diesem Text und auch sonst bei Seneca taucht eine ganze Reihe von Begriffen auf, die in gewisser Weise mehrdeutig sind, d. h. sie haben eine »normale« lateinische Bedeutung und eine besondere philosophische Spezialbedeutung:

lat. Begriff	allgemeine Bedeutung	philosophische Bedeutung
sapientia	Weisheit	Philosophie
beatus	reich, äußerlich begünstigt	(innerlich) glückselig
honestus	was Ruhm/Ehre einbringt, ehrenvoll	sittlich-moralisch gut
deus	personenhafte Gottheit	unpersönlich-pantheistischer Gott
fata (deorum)	(Götter-)sprüche	unpersönliches Schicksal

Durch unterschiedliche deutsche Übersetzungen kann man die verschiedenen Konzepte deutlich machen. Der lateinische Muttersprachler allerdings konnte diese Differenzierung aufgrund desselben Wortes natürlich nicht in der Weise vornehmen, sondern dachte vermutlich immer das eine mit dem anderen zusammen. Sie können den vorherigen Text und auch andere Senecatexte auf diese »Doppeldeutigkeit« hin durchgehen und an den einzelnen Stellen untersuchen, wie sich Bedeutung und Leseeindruck jeweils verändern.

Diese Mehrdeutigkeit ergibt sich übrigens teilweise durch eine bewusste, natürlich schon von Autoren vor Seneca vorgenommene Übersetzung der Begriffe aus dem Griechischen. Ein gutes Beispiel hierfür ist der griechische Begriff *philosophía*, den lateinische Autoren der republikanischen Zeit als Fremdwort ins Lateinische übernehmen: *philosophia* wird so zu einem lateinischen Wort. Es weckt allerdings für die lateinischen Muttersprachler eine etwas andere Assoziation als für einen Griechen: Für den Griechen bedeutet das Substantiv »Liebe zur Weisheit« (gr. *philein* »lieben« + *sophía* »Weisheit«), für den lateinischen Muttersprachler ist es zunächst einmal einfach ein Fremdwort. Die Übertragung als *sapientia* hingegen kommt der griechischen Bedeutung nahe, allerdings bezeichnet das Wort natürlich nicht unbedingt die Philosophie als Wissenschaft, sondern auch allgemein Lebensklugheit.

virtus et honestum

Ein besonders interessantes Beispiel ist das schon bei Cicero und dann wieder bei Seneca häufig auftretende Begriffspaar *virtus* und *honestum*, das als Übersetzung für die griechischen Begriffe *areté* »Tugend« und *agathón* bzw. *kalón* »(sittlich) gut« dient. Das Begriffspaar wird im folgenden Brief eine wichtige Rolle spielen. Auch hier sind die Assoziationen durch die Latinisierung für den lateinischen Muttersprachler anders als im griechischen Original: *vir-tus* leitet sich von »Mann« ab und bezeichnet alle guten Eigenschaften des typischen Mannes – auch in Militär und Politik; *hones-tum* leitet sich von *honos* »Ruhm, Ehre« ab und bezeichnet eigentlich alles, was Ruhm und Ehre einbringt – ist also im Bereich der »äußeren Güter« bzw. Adiáphora angesiedelt.

Die Verbindung der beiden Begriffe passt sehr gut zu römischen Wertvorstellungen, denn es gab in Rom einen Kult für die vergöttlichten Werte VIRTVS und HONOS. Auf einem römischen Sesterz aus der Zeit Kaiser Vespasians (69–79 n. Chr.) ist der Kult bildlich bezeugt. Außerdem sind zwei Tempel in Rom für den Kult der beiden Gottheiten nachgewiesen.

Römischer Sesterz, 71 n. Chr. © bpk/Münzkabinett, SMB/Dirk Sonnenwald

Wenn römische Leser bzw. lateinische Muttersprachler nun in Senecas (oder auch Ciceros) philosophischen Schriften auf diese Begriffseinheit in stoischem Kontext stießen, konnten sie sicher kaum anders, als das altrömische Begriffspaar mit seinem kultischen Hintergrund zu assoziieren. Auf diese Weise wirkte vieles an der lateinisch übersetzten Stoa gar nicht mehr griechisch bzw. fremdartig, sondern schien den römischen Vorstellungen des *mos maiorum* zu entsprechen.

Griechische versus römische Philosophie

Insgesamt zeigen die Beispiele, dass sich allein durch die Übersetzung der philosophischen Kernbegriffe ins Lateinische und den weitgehenden Verzicht auf griechische Fremdwörter wie *philosophia* für den römischen Leser neue Konzepte ergaben, die nicht gänzlich dem griechischen Original entsprachen. Somit entstand bei Cicero und Seneca in Manchem durchaus eine eigene Ausrichtung von Philosophie, die man insofern als typisch römische oder zumindest römisch geprägte Philosophie bezeichnen kann. Diese Philosophie ist durch eine stärkere Anbindung an römische Wertvorstellungen und Traditionen gekennzeichnet als es die »echte« griechische Philosophie vermuten ließe.

8. *Ratio* als Proprium und *virtus* des Menschen (Sen. ep. mor. 76,6–11: B)

Seneca erläutert anhand vieler Beispiele, was ein Gut (lat. bonum*) ist. Den Menschen macht laut Seneca vor allem die Vernunft als entscheidendes Wesensmerkmal bzw. Gut aus.*

Unum[1] est bonum, quod honestum: in illis[2], quaecumque famae[3] placent, nihil invenies veri, nihil certi. Quare autem unum[1] sit bonum, quod honestum, dicam: (…)

5 Omnia suo bono constant[4]. Vitem[5] fertilitas commendat[6] et sapor[7] vini, velocitas cervum[8]; quam fortia dorso[9] iumenta sint, quaeris, quorum hic unus[1] est usus[10]: sarcinam ferre. In cane sagacitas[11] prima est, si investigare[12] debet feras, cursus, si <feras> consequi <debet>, auda-
10 cia, si mordere[13] et invadere <debet>: id in quoque[14] optimum esse debet, cui[15] nascitur, quo censetur[16].
In homine optimum quid est? ratio: hac antecedit animalia, deos sequitur. Ratio ergo perfecta proprium bonum est; cetera illi cum animalibus satisque[17] com-
15 munia sunt. Valet[18]: et leones <valent>. Formosus est: et pavones[19]. Velox est: et equi. Non dico[20]: ›in his omnibus vincitur‹; non quaero, quid in se maximum habeat, sed quid suum[21]. Corpus habet: et arbores <corpus habent>. Habet vocem: sed quanto clariorem[22] canes,
20 acutiorem aquilae[23], dulciorem mobilioremque luscinii[24]?
Quid est in homine proprium? ratio: haec recta et consummata[25] felicitatem hominis implevit. Ergo omnis res, cum bonum suum perfecit[26], laudabilis est
25 et ad finem[27] naturae suae pervenit; sin autem homini suum bonum ratio est, si hanc perfecit[26], laudabilis est et finem[27] naturae suae tetigit[28]. Haec ratio perfecta virtus vocatur eademque[29] honestum est.

1 **ūnus:** *hier:* der einzige *oder freier* »nur« – 2 **illa:** *gemeint sind äußere Güter wie Geld und politische Karriere* – 3 **fāma:** (bloß) äußerer Ruhm
4 **cōnstāre** + *Abl.:* sich gründen auf; sich definieren über – 5 **vītis:** Weinstock – 6 **commendāre:** empfehlen – 7 **sapor:** Geschmack
8 **cervus:** Hirsch – 9 **dorsum:** Rücken (*hier Abl. limitationis* »in Bezug auf den Rücken«)
10 **ūsus:** Nutzen – 11 **sagācitās:** Spürsinn; feiner Geruchssinn
12 **investīgāre:** aufspüren
13 **mordēre:** beißen – 14 **quōque** < quisque – 15 **cui:** *hier:* wozu; zu welchem Zweck – 16 **quō cēnsētur:** wonach es geschätzt wird
17 **satum:** Pflanze (*eigentl.* »Gesätes«) – 18 **valet:** (der Mensch) ist stark, besitzt Kraft
19 **pāvō, ōnis:** Pfau – 20 **nōn dīcō:** *hier etwa:* ich will gar nicht sagen/erwähnen – 21 **suum:** *hier etwa:* sein besonderes Merkmal
22 **clārus:** laut – 23 **aquila:** Adler
24 **luscinius:** Nachtigall

25 **cōnsummāre:** vollenden, vervollkommnen – 26 **perficere:** vollenden, vervollkommnen
27 **fīnis:** Zweck, Ziel – 28 **tangere, tangō, tetigī, tāctum:** erreichen
29 **eadem-que:** *hier etwa:* und (sie ist) zugleich

Kondizionalsätze, abh. Frage – honestum, bonum, ratio, perfectus, felicitas

Id itaque unum bonum est in homine, quod unum¹
hominis est³⁰; nunc enim non quaerimus, quid sit
bonum, sed quid sit hominis bonum. Si nullum aliud
est hominis³⁰ quam ratio, haec erit unum¹ eius bonum,
sed pensandum³¹ cum omnibus.

30 hominis est: es ist ein Wesensmerkmal des Menschen; es gehört zum Menschen
31 pēnsandum <est>: es lässt sich aufwiegen

1 *Vor der Übersetzung:* Erschließen Sie anhand der Naturbeispiele und der philosophischen Schlüsselbegriffe die Abfolge der Einzelthemen im Text.
2 Erstellen Sie eine tabellarische Übersicht über die Beispiele mit einer Spalte für die Lebewesen und einer für die jeweils genannten besonderen Merkmale bzw. Güter.
3 Arbeiten Sie die Definitionen aus dem Text heraus, mit denen Seneca ein »Gut« (bzw. das *bonum*) bestimmt (es sind im Wesentlichen zwei Definitionen).
4 Erörtern Sie, ob Senecas Definition der Vernunft als Wesensmerkmal und höchstes Gut des Menschen für Sie vertretbar ist. Gäbe es noch andere wichtige Wesensmerkmale oder höhere Güter für Sie?
5 *Mehrdeutige Wörter interpretieren (für Experten!):* Auch diese Textpassage enthält eine Reihe von mehrdeutigen Wörtern wie *bonum, honestum, ratio, felicitas, virtus*. Spielen Sie an den jeweiligen Textstellen mithilfe des Wörterbuches die unterschiedlichen Übersetzungsmöglichkeiten durch und erläutern Sie, wie sich die Textbedeutung dann jeweils ändert.

S Ellipsen als typisches Merkmal von Senecas Briefen

Vor allem in mündlich-dialogischer Sprache werden häufig Wörter und Satzglieder ausgelassen, die der Zuhörer leicht ergänzen kann; dieses sprachliche Phänomen nennt man Ellipse. So könnte ein deutscher Dialog z. B. lauten (Ellipsen sind mit spitzen Klammern ausgefüllt):

A: »Warum gehst du weg?«
B: »<*Ich gehe weg,*> Weil ich jemanden besuchen will.«
A: »Und wen <*besuchst du*>?«
B: »<*Ich besuche*> Meine Freundin.«
A: »Wohnt die auch hier?«
B: »Nee, <*die wohnt*> am Stadtrand.«

Ein solcher elliptischer Schreibstil ist auch typisch für die Briefe Senecas: Oben im Text sind einige Ellipsen durch spitze Klammern ausgefüllt – meist sind es Prädikate, Objekte oder auch Subjekte. Mit diesem elliptischen Stil lehnt sich Seneca teilweise an die Formen mündlicher Kommunikation an; zudem wirkt der Briefstil so knapper und zwingt den Leser – ähnlich wie in einem Dialog – stärker zum aktiven Mitdenken.

9. Vernunft und *vita beata* (Sen. ep. mor. 76,12–16: B/C)

Seneca erläutert im weiteren Verlauf des Briefes den Unterschied zwischen äußeren und echten Gütern; dazu bringt er wieder einige Vergleiche und Beispiele aus dem praktischen Leben.

Non dubitas, an[1] hoc[2] sit bonum; dubitas, an[1] solum bonum sit. Si quis omnia alia habeat: valetudinem, divitias, imagines[3] multas, frequens[4] atrium, sed malus ex confesso[5] sit, improbabis[6] illum. Item si quis nihil
5 quidem eorum, quae rettuli, habeat, deficiatur[7] pecuniā, clientium turbā, nobilitate et avorum proavorumque serie, sed ex confesso[5] bonus sit, probabis illum.
Ergo hoc unum est bonum hominis,
quod qui[8] habet,
10 – etiam si aliis destituitur[9] – laudandus est;
quod qui[8] non habet,
in[10] omnium aliorum copia damnatur ac reicitur.
Quae[11] condicio rerum, eadem[11] <condicio> hominum est:
15 Navis bona dicitur non, quae pretiosis coloribus picta[12] est nec cui argenteum aut aureum rostrum[13] est, sed stabilis et firma et spissa[14], ad ferendum incursum[15] maris solida.
Gladium bonum dices non, cui auratus[16] est balteus[17]
20 nec cuius vagina gemmis[18] distinguitur[19], sed cui et ad secandum[20] subtilis[21] acies est.
Eo quidque laudatur, cui[22] comparatur[23] <et> quod illi proprium est.
Ergo in homine quoque nihil ad rem pertinet[24], quan-
25 tum aret[25], quantum feneret[26], a quam multis salutetur[27], quam pretioso incumbat lecto, quam perlucido[28] poculo bibat, sed quam bonus sit.

1 dubitāre an: zweifeln, ob
2 hoc: *bezieht sich auf den vorherigen Text, nämlich die* ratiō *als Gut* – **3 imāgō,** inis *f.:* Ahnenbild (*d. h. viele bedeutende Vorfahren*) – **4 frequēns:** häufig besucht – **5 ex confessō:** anerkanntermaßen – **6 improbāre:** kritisieren – **7 dēficī** + *Abl.:* ermangeln, nicht haben
8 quod quī: *relativische Satzverschränkung, hier zu übersetzen als:* wer es (= das Gut) hat ... – **9 dēstituī** + *Abl.:* nicht besitzen, ermangeln
10 in + *Abl.: hier:* bei, trotz
11 quae ... eadem: *hier etwa:* wie ... so
12 pictus: bemalt – **13 rōstrum:** Schiffsschnabel – **14 spissus:** dicht – **15 incursus:** Wellenschwall
16 aurātus: vergoldet – **17 balteus:** Gurt – **18 gemma:** Edelstein
19 distinguere: *hier:* verzieren
20 secāre: schneiden – **21 subtīlis:** scharf
22 cui: wozu – **23 comparāre:** anschaffen
24 nihil ad rem pertinet: es spielt keine Rolle – **25 arāre:** pflügen (> Land besitzen) – **26 fēnerāre:** Geld verleihen und Zinsen kassieren – **27 salūtārī:** von vielen Klienten (bei der *salūtātiō*) besucht werden – **28 perlūcidus:** durchsichtig (*durchsichtiges Glas war in der Antike noch besonders kostbar*)

Kondizionalsätze (Potentialis), Passiv, abh. Frage – valetudo, divitiae, clientes, probare, virtus

Bonus autem est, si ratio eius explicita²⁹ et recta est et ad naturae suae voluntatem accommodata.

30 Haec vocatur virtus, hoc est honestum et unicum hominis bonum. Nam cum sola ratio perficiat³⁰ hominem, sola ratio perfecta beatum³¹ facit; hoc autem unum bonum est, quo uno³² beatus³¹ efficitur. Dicimus et illa bona esse, quae a virtute profecta contractaque³³ sunt,
35 id est: opera eius omnia; sed ideo unum ipsa bonum est, quia nullum <bonum> sine illa³⁴ est.

29 explicitus: voll entfaltet

30 perficere: vervollkommnen – **31 beātus:** *ursprünglich:* reich, begütert; *im philosophischen Sinne:* glückselig – **32 ūnus:** *hier prädikativ:* als einziges; nur, allein – **33 contrahere:** *hier:* bewirken – **34 illa** = virtūs

1 *Vor der Übersetzung:* Ermitteln Sie mithilfe von Schlüsselwörtern, an welchen Stellen Seneca welche Beispiele bringt und wo es um die Rolle der Tugend geht.
2 Erläutern Sie die Rolle und die Aussagekraft der vielen Beispiele in diesem und dem vorherigen Textabschnitt für den Brief: Sind sie nützlich oder gar notwendig für die Darstellung?
3 Arbeiten Sie die stoischen Lehren (v. a. Güter- und Tugendlehre) aus diesem und dem vorherigen Text heraus.
4 Fassen Sie kurz zusammen, wie Seneca in den beiden letzten Absätzen den »guten Menschen« definiert; suchen Sie auch moderne Parallelen für Senecas Beispiele äußerer Güter.
5 *Mehrdeutige Wörter interpretieren:* Im letzten Absatz kommt der Begriff *virtus* mehrfach vor. Er kann u. a. bedeuten: »mannhaftes/tapferes Verhalten; Leistungsfähigkeit; ethisch richtiges Verhalten; gute Eigenschaft (im Allgemeinen)«. Suchen Sie für den Textabschnitt eine (oder mehrere) passende Bedeutung(en) heraus.

K Der Lebensstil der römischen Nobilität

Im Text erwähnt Seneca eine ganze Reihe von Beispielen, die der Lebenswelt der römischen Nobilität entnommen sind: Hierzu gehört der Besitz eines Atriumhauses mit den Ahnenporträts als Ausweis eines langen Stammbaums, das Verfügen über viele Klienten, Großgrundbesitz, große Mengen an Bargeld und natürlich viele kostbare Gegenstände, die im Haus gezeigt und benutzt wurden (z. B. Glasgefäße, teure Möbel). Seneca dürfte sich wohl vornehmlich an ein nobilitäres Lesepublikum gerichtet haben.

10. Das Verhältnis von Philosophie und Rhetorik

Platon und die Sophisten

Sprache und Stil in den philosophischen Schriften Senecas sind auffällig stark von der Rhetorik geprägt. Dass ein Philosoph so stark von der Rhetorik beeinflusst ist, war in der Antike nicht ganz selbstverständlich. Im Gegenteil beurteilte der bekannteste griechische Philosoph, nämlich Platon, die Rhetorik eher kritisch. Er setzte sich in einigen Dialogen mit der Macht der Rede auseinander und kritisierte an der zeitgenössischen Rhetorik die Tendenz zur Verfälschung der Wahrheit und den Missbrauch rhetorischer Mittel zur demagogischen Durchsetzung egoistischer Interessen gegen das Gemeinwohl des Staates. Platons kritische Haltung lässt sich durch den historischen Kontext erklären: Im 5. Jh. v. Chr. traten in Griechenland die »Sophisten« auf, d. h. Wanderlehrer, die gegen Bezahlung (u. a. philosophische) Allgemeinbildung und rhetorische Kompetenz vermittelten. Die berühmtesten Sophisten und Rhetoriklehrer waren Protagoras und Gorgias, denen Platon auch eigene Dialoge widmete. In den demokratischen Stadtstaaten Griechenlands (z. B. Athen) konnten diese Sophisten mit zahlreicher Kundschaft rechnen, weil die basisdemokratische Stadtverfassung ein gutes rhetorisches Auftreten für den politischen Erfolg geradezu erforderlich machte.

Philosophie und Rhetorik im Hellenismus

Die bekannten Philosophen nach Platon waren der Rhetorik gegenüber nicht unbedingt kritisch eingestellt. Im Gegenteil verfasste Platons bedeutendster Schüler Aristoteles sogar ein eigenes Handbuch zur Rhetorik: Für ihn gehörte die Rhetorik – ähnlich wie für die Sophisten – zur Philosophie dazu. Dagegen lehnte Epikur die Rhetorik aus ähnlichen Gründen wie Platon ab: Sprachlicher Schmuck verstellte seiner Meinung nach den Blick für die Wahrheit.

Die griechischen Stoiker erkannten die Bedeutung der Rhetorik ähnlich wie Aristoteles an und boten sogar in ihren Schulen Rhetorik als Unterrichtsfach an. Sie definierten Rhetorik als die »Kunst des (im ethischen Sinne) guten Redens« (gr. *téchnē toû eû légein*), d. h. der ideale Redner verfälscht durch seine rhetorische Technik nicht die Wahrheit, sondern nutzt sie im Sinne der ethischen Verantwortung.

Eine besonders wichtige Rolle spielte die Rhetorik ausgerechnet für die hellenistische Schule der Akademie, d. h. also für Platons eigene Nachfolgeschule: Speziell die Skeptiker unter den Platonikern praktizierten die Technik, einen Sachverhalt möglichst immer von zwei entgegengesetzten Seiten zu beleuchten – also eine Erörterung nach *pro* und *contra*. Diese Erörterungen wurden in den Schulen der Akademie als entsprechende Reden für und gegen ein Thema bzw. Argument geübt. Besonders bekannt für diese Art von Rhetorik war der Philosoph Karneádes: Er hielt 155 v. Chr. in Rom eine Rede zunächst für und einen Tag später gegen den Sinn der Gerechtigkeit.

Philosophie und Rhetorik in Rom

Als in Rom seit dem 2. Jh. v. Chr. die ersten griechischen Rhetorenschulen gegründet wurden, lernten die römischen Schüler dort auch die griechische Philosophie in Verbindung mit

Rhetorik kennen. Insofern dürfte für die meisten Römer kein echter Gegensatz zwischen Beidem bestanden haben. Neben Seneca ist auch Cicero ein klassisches Beispiel für die Verbindung von Philosophie und Rhetorik. Die Rhetorik dient bei diesen Autoren dazu, die philosophischen Inhalte möglichst leserfreundlich und verständlich darzulegen.

Allerdings war die Rhetorik in Rom doch auch wichtiger als die Philosophie: Entsprechend gab es immer wieder bedeutende Rhetoriker, die vor der Philosophie warnten oder die Beschäftigung mit ihr zumindest für überflüssig hielten. Zu diesen Kritikern der Philosophie gehörte etwa Senecas Vater, der selbst der damals bekannteste Redner Roms war, und der berühmte Rhetoriklehrer Quintilian, von dem ein umfangreiches Handbuch zur Rhetorik *(institutio oratoria)* erhalten ist. In der späteren Kaiserzeit war Kaiser Marc Aurel ein bekannter Stoiker: Er verfasste ein kleines Buch mit vielen Sentenzen zur stoischen Lehre; doch auch er wurde von seinem Rhetoriklehrer Fronto eindringlich vor der Beschäftigung mit der Philosophie gewarnt.

Die Philosophie gehörte also anders als die Rhetorik nicht zum obligatorischen Bildungskanon in Rom, auch wenn sicher alle vornehmen und gebildeten Römer gute Grundkenntnisse zu den einzelnen Philosophenschulen besaßen. Andererseits haben die lateinschreibenden Philosophen wie Cicero und Seneca sicher deswegen so stark auf die Mittel der Rhetorik zurückgegriffen, weil sie so ihre Schriften für ein rhetorisch geschultes Lesepublikum attraktiver machten.

1   Stellen Sie Beispiele aus dem heutigen Leben zusammen, in denen rhetorische Kompetenz eine Rolle spielt.
2   Beschreiben Sie Ihren eigenen Eindruck zu Senecas Texten: Wie »penetrant« oder störend erscheint Ihnen sein Schreibstil? Lenkt er Ihrer Meinung nach zu stark vom Inhalt ab oder hilft er im Gegenteil, die stoischen Inhalte besser zu verstehen?

Theologie

11. Römische *religio* und Stoa (Sen. ep. mor. 41,1–4: A/B)

In einem Brief behandelt Seneca ausführlich die Bedeutung des Göttlichen und der Religion. Um seine Vorstellungen zu verdeutlichen, verwendet er Beispiele und Vergleiche aus der Natur und antiken Kulten.

Du tust etwas sehr Gutes und für dich Heilsames, wenn du dich, wie du schreibst, weiterhin um die richtige innere Einstellung bemühst; es wäre dumm, sie nur zu wünschen, wenn du sie doch selbst erreichen kannst.

5 Non sunt ad caelum elevandae¹ manus nec exorandus aedituus², ut nos ad aurem³ simulacri⁴, quasi⁵ magis exaudiri possimus, admittat: prope⁶ est a te deus, tecum est, intus est.

Ita dico, Lucili: sacer intra nos spiritus sedet, malorum
10 bonorumque nostrorum observator et custos; hic prout⁷ a nobis tractatus⁸ est, ita nos ipse tractat. Bonus vero vir sine deo nemo est: An⁹ potest aliquis supra fortunam – nisi ab illo adiutus – exsurgere? Ille dat consilia magnifica et erecta. In unoquoque¹⁰ virorum bonorum
15 (quis deus incertum est) habitat deus¹¹.

Wenn du einmal einen Hain betrittst, der von alten und besonders hohen Bäumen dicht bewachsen ist, die den Blick auf den Himmel verdecken, dann erfüllt dich die Erhabenheit des Waldes und das Geheimnisvolle des
20 *Ortes mit dem Glauben an eine göttliche Kraft.* Et si quis specus¹² saxis penitus exesis¹³ montem suspenderit¹⁴, non manu factus, sed naturalibus causis in tantam laxitatem¹⁵ excavatus¹⁶, animum tuum quadam religionis suspicione¹⁷ percutiet¹⁸. Magnorum fluminum capita¹⁹
25 veneramur; subita ex abdito²⁰ vasti amnis²¹ eruptio aras habet; coluntur aquarum calentium²² fontes.

1 ēlevāre: erheben – **2 aedituus:** Tempelwächter – **3 auris,** is: Ohr **4 simulācrum:** Götterstatue **5 quasi** + *Konj.:* als ob – **6 prope ā:** nahe bei

7 prout: je nachdem wie **8 tractāre:** behandeln – **9 an:** oder *(als Frageeinleitung)* **10 ūnusquisque:** ein jeder **11 quis … deus:** *Zitat aus Vergils Aeneis (VIII 352): Aeneas besichtigt die Gegend des noch nicht gegründeten Rom; hier ist die Stelle auf dem Kapitolshügel gemeint, an der später der große Jupitertempel errichtet wurde.*

12 specus: Höhle – **13 penitus exēsus:** tief ausgehöhlt **14 suspendere:** (über sich) schweben lassen – **15 laxitās:** Ausdehnung – **16 excavāre:** aushöhlen – **17 suspīciō:** Ahnung, Vermutung – **18 percutere:** erschüttern, treffen – **19 caput:** *hier:* Quelle – **20 abditus:** verborgen – **21 amnis:** Fluss **22 calēns:** heiß

Si hominem videris interritum periculis, intactum cupiditatibus, inter adversa²³ felicem, in mediis tempestatibus placidum, ex superiore loco homines videntem, ex aequo²⁴ deos, non subibit te veneratio²⁵ eius? non dices: »*Diese Seelenstärke ist größer und bedeutender, als dass sie in einem so kleinen menschlichen Körper denkbar ist*«?

23 **adversum:** Unglück – 24 **ex aequō:** auf gleicher Augenhöhe
25 **venerātiō** + *Gen.*: Verehrung für

1 *Vor der Übersetzung:* Informieren Sie sich über die wichtigsten Aspekte der römischen *religio* bzw. des *cultus deorum* (S. 36 f.).
2 Beschreiben Sie Sprache und Stil der lateinischen Textpassagen – achten Sie dabei auch auf das Sentenzhafte.
3 Arbeiten Sie die stoischen Elemente und die traditionellen Vorstellungen römischer *religio* aus dem Text heraus; erläutern Sie das Verhältnis dieser beiden eigentlich recht unterschiedlichen Konzepte im Text.
4 Erläutern Sie speziell das Gottesbild, das sich aus dem Text ergibt, und gleichen Sie dies mit der stoischen Lehre und dem traditionellen römischen Götterbild ab.
5 *Für Experten:* Seneca zitiert eine kurze Aeneis-Stelle in seinem Brief: Erläutern Sie deren Funktion für den Textzusammenhang.

Jupitertempel auf dem Kapitol (Modell: Kapitolinische Museen,
© Wikimedia Commons)

12. Göttlicher Geist und menschliche Seele (Sen. ep. mor. 41,5–8: C)

Im Folgenden beschreibt Seneca, wie die Seele eines idealen, charakterfesten Menschen am göttlichen Geist Anteil hat. Senecas Ausführungen sind an Platons Seelenlehre (s. u.) angelehnt.

Vis divina isto[1] descendit. Animum excellentem, moderatum[2], omnia tamquam minora[3] transeuntem, quidquid[4] timemus optamusque, ridentem caelestis potentia agitat. Non potest res tanta sine adminiculo[5] numinis
5 stare; itaque maiore sui parte illic est, unde descendit *(es folgt ein Vergleich hierzu)*:
Quemadmodum radii[6] solis contingunt[7] quidem terram, sed ibi sunt, unde mittuntur, sic animus magnus ac sacer et in hoc[8] demissus, ut propius[9] quaedam divina
10 nossemus, conversatur quidem nobiscum, sed haeret origini suae; illinc[10] pendet, illuc[11] spectat ac nititur, nostris[12] tamquam melior[13] interest.
Quis est ergo hic animus? qui nullo bono nisi suo nitet[14]. Quid enim est stultius, quam in homine ali-
15 ena laudare? Quid eo dementius, qui ea miratur, quae ad alium transferri protinus[15] possunt? Non faciunt meliorem equum aurei freni. *Auch ein durch Streicheln ermatteter Zirkuslöwe mit vergoldeter Mähne hat weniger Kraft als ein wilder, der in der Natur lebt.*
20 Nemo gloriari nisi suo debet. Vitem[16] laudamus, si fructu palmites[17] onerat, si ipsa[18] pondere eorum, quae tulit[19], adminicula[5] deducit[20]: Num quis huic illam praeferret vitem, cui aureae uvae, aurea folia[21] dependent? Propria virtus est in vite[16] fertilitas.
25 In homine quoque id laudandum est, quod ipsius est. Familiam formosam habet et domum pulchram, multum serit, multum fenerat[22]: nihil horum in ipso est, sed circa ipsum. Lauda in illo, quod nec eripi potest

1 istō: dorthin *(d. h. in die Seele des charakterstarken Menschen)*
2 moderātus: maßvoll
3 tamquam minōra: als sei es etwas Unwichtigeres – **4 quidquid:** alles was – **5 adminiculum:** Stütze, Stützpfahl

6 radius: Strahl – **7 contingere:** berühren – **8 in hoc:** zu dem Zweck – **9 propius:** aus größerer Nähe – **10 illinc:** (von) dort – **11 illūc:** dorthin – **12 nostra** *(n. Pl.):* etwa: unser Wesen
13 tamquam melior: wie ein besserer Teil

14 nitēre: glänzen, hervorstechen

15 prōtinus: sogleich

16 vītis: Weinstock – **17 palmes, itis:** Zweig (eines Weinstocks)
18 ipsa = **vītis** – **19 ferre, ferō, tulī, lātum:** (als Ertrag) hervorbringen
20 dēdūcere: hinunterziehen
21 folium: Blatt

22 fēnerāre: Zinsgewinne erzielen

nec dari, quod proprium hominis est. Quaeris, quid sit? Animus et ratio in animo perfecta. Rationale enim animal est homo; consummatur²³ itaque bonum eius, si id implevit, cui nascitur. Quid est autem quod ab illo ratio haec exigat? Rem facillimam: secundum naturam suam vivere.

23 cōnsummāre: zur Vollendung bringen

1 *Vor der Übersetzung:* Lesen Sie die Ausführungen zu Platons *méthexis*-Lehre (s. u.).
2 Erläutern Sie, wie Senecas Ausführungen zu Platons *méthexis*-Lehre passen.
3 Recherchieren Sie Informationen zu Platons »Höhlengleichnis« und untersuchen Sie, ob es Einflüsse hiervon im Text gibt.
4 Erläutern Sie die Funktion der Vergleiche aus der Natur (Löwe, Weinstock) für den Textzusammenhang.
5 Weisen Sie Elemente der stoischen Güterlehre im Text nach.
6 Das lateinische Substantiv *animus* lässt sich nur schwer übersetzen: Es kann mit »Geist«, »Seele« oder auch »Charakter« wiedergegeben werden. Ermitteln Sie mithilfe des Wörterbuches eine Kernbedeutung und finden Sie für die Textstellen eine passende Übersetzung.

K Platons Lehre von der *méthexis* und die Stoa

Der griechische Philosoph Platon (427–347) unterscheidet scharf zwischen der sinnlich wahrnehmbaren Welt und der Welt der abstrakten, nur über den Verstand wahrnehmbaren (göttlichen) »Ideen«. Die Verbindung zwischen den beiden Welten erklärt er über die *méthexis* (gr. μέθεξις »Teilhabe«): So ist z. B. ein konkreter schöner Gegenstand oder Mensch der sinnlich wahrnehmbaren Welt deswegen schön, weil er an der Idee des Schönen Anteil hat, d. h. die Eigenschaft der Schönheit wohnt ihm inne bzw. fließt auf ihn über. Dies lässt sich dann auch auf den Geist übertragen: Ein intelligenter und gerechter Mensch besitzt diese Eigenschaften, weil seine Seele am göttlichen Geist und der Idee der Gerechtigkeit Anteil hat.

Obwohl die Stoiker eher eine materialistische Philosophie vertreten, erinnern ihre Vorstellungen z. T. an Platon: So nehmen sie an, dass vom göttlichen Geist (gr. *lógos*) kleine Teilchen bzw. »Samen« (gr. *spérmata lógou*) ausgehen und im Menschen wohnen; dort bewirken sie als *semina virtutis* die tugendhaften Eigenschaften eines Menschen.

13. Antike Kultpraxis – Stoa – Christentum

Die römische *religio*

Die Römer verehrten eine Vielzahl von Göttern. Diese Götter waren zum größten Teil als konkrete Personen gedacht, die ähnlich wie Menschen fühlten und handelten, sich aber durch ihre größere Macht und Unsterblichkeit von den Menschen unterschieden. Ansonsten konnten sich die Götter auch in Menschen verlieben und Kinder zeugen; so war z. B. Mars der Vater von Romulus und Remus.

Die römischen Götter besaßen Tempel und spezielle Kulte: Indem die Römer ihre Götter auf die richtige Weise – z. B. durch Opfer und Rituale – kultisch verehrten, sicherten sie sich deren Beistand. Wenn man den Kult für die Götter unterließ, riskierte man entsprechende göttliche Strafen. Daher war der römische Alltag von religiösen Ritualen durchzogen. Dieses quasi vertragsmäßige Verhältnis nennt man auch das »*do-ut-des*-Prinzip«.

Römisches Relief: Opferung eines Stiers, Antikensammlung im Königlichen Palast, Stockholm
(Foto: Michael Sauber, © Wikimedia Commons)

Das Göttliche in der Stoa

Die stoische Theologie unterscheidet sich stark von dieser traditionellen römischen Vorstellung. In der griechischen Stoa nahm man überhaupt keinen personalen Gott an. Stattdessen lehrte der Gründer der Stoa Zenon (336–264 v. Chr.), dass der *logos*, d. h. eine Art göttlicher Geist, als universelles Prinzip den gesamten Kosmos durchwirkt und ihm Form und Struktur gibt. Dieser *logos* ist anders als bei Platon nicht immateriell-abstrakt gedacht, sondern ähnlich wie bei einigen vorsokratischen Philosophen als Feuer. Dieser göttliche Geist bestimmt das Schicksal des Kosmos und lenkt somit auch alles Geschehen in der Weltgeschichte. Eine kultische Verehrung erübrigt sich für den *logos*.

Auch im Menschen existieren Funken des göttlichen Feuers und lassen ihn so am göttlichen Weltgeist Anteil haben. Der Mensch besitzt viel mehr von diesem göttlich-feurigen Geist als die Tiere, sodass er sich durch sein Erkenntnisvermögen von den übrigen Lebewesen des Kosmos unterscheidet. Die Natur des Menschen besteht nach stoischer Auffassung daher in seiner Geistesgabe. Wenn der Mensch »nach seiner Natur« lebt *(secundum naturam vivere)*, bedeutet dies für ihn: seinen Geist richtig zu nutzen.

Der göttliche *logos* oder auch die »Weltvernunft« wird von den Stoikern häufig mit dem höchsten griechischen Gott Zeus gleichgesetzt. Dennoch hat die stoische Gottesvorstellung natürlich nur wenig mit der eigentlichen kultischen Verehrung für den traditionellen Gott Zeus zu tun. Der stoische Philosoph Kleanthes (3. Jh. v. Chr.) dichtete allerdings einen berühmten Hymnos auf Zeus als Metapher für den stoischen Weltgeist (Auszüge):

»Erhabenster der unsterblichen Götter, Vielnamiger, immer Allmächtiger, Zeus, Urheber der Schöpfung, der du alles mit deinem Gesetze lenkst, sei gegrüßt! Dich müssen alle Sterblichen anreden, denn von dir stammt das einzig sprachbegabte Geschlecht der Menschen ab und alles, was lebt und kriecht auf Erden an Lebewesen. (…) Dir gehorcht der gesamte Kosmos. (…) Mit deinem Blitze regierst du den allgemeinen Geist *(lógos)*, der alles durchwirkt. (…) So hast du alles Gute mit dem Schlechten zusammengefügt, dass aus allem die eine immerwährende Weltvernunft entsteht …«
(*Stoicorum Veterum Fragmenta* I 537)

Christlich-stoische Parallelen
Die stoische Philosophie, v. a. in ihrer lateinischen Version bei Seneca, hat viele auffällige Parallelen zur christlichen Theologie. Ein Grund hierfür liegt in der philosophischen Bildung einiger früher Christen wie des Apostels Paulus und des Evangelisten Lukas. Sie kannten die stoische Lehre und zitierten z. T. sogar den stoischen Philosophen Kleanthes.

Ähnlich wie die Stoa vertritt das Christentum keine polytheistische Götterlehre (viele Götter), sondern geht von einem einheitlichen göttlichen Prinzip aus, das das Weltgeschehen bestimmt. Allerdings ist der christliche Gott anders als der stoische *logos* eindeutig personal gedacht. Gleichwohl ist im Neuen Testament vielfach vom (göttlichen) *logos* die Rede – z. B. am Beginn des Johannes-Evangeliums. In Anlehnung an die Stoa vertraten viele christliche Theologen auch die Lehre von den göttlichen Samen, die im Menschen wirken.

Zudem vertraten (und vertreten) einige christliche Theologen die Lehre von der schicksalhaften Vorherbestimmung allen Weltgeschehens durch Gott und leugnen die Möglichkeit einer freien Willensentscheidung, was ziemlich genau der stoischen Lehre vom Schicksal entspricht. In der Antike ging der Kirchenvater Augustinus (354–430 n. Chr.) davon aus, dass Gott in seiner Allmacht vorherbestimmt habe, welche Seelen gerettet und welche verdammt werden, ohne dass der Mensch dies mit seinem Willen beeinflussen könne. Diese Lehre nahm in der frühen Neuzeit der Schweizer Reformator und Seneca-Spezialist Johann Calvin (1509–1564) auf.

14. Die richtige Götterverehrung (Sen. epist. 95,47–50: C)

In einem seiner späteren Briefe legt Seneca die stoische Götterlehre ohne große Umschweife dar: Hier wird klar, dass die stoische Theologie weit vom traditionellen Götterkult der Römer entfernt ist.

Es gibt viele Vorschriften darüber, wie man die Götter richtig verehren soll. Accendere aliquem lucernas[1] sabbatis[2] prohibeamus, quoniam nec lumine dii egent[3] et ne homines quidem delectantur fuligine[4]. Vetemus foribus adsidere templorum: Humana ambitio istis officiis[5] capitur[6]; deum colit, qui <eum> novit. Vetemus lintea[7] et strigiles[8] Iovi ferre et speculum[9] tenere Iunoni: Non quaerit ministros deus. Quidni[10]? Ipse humano generi ministrat; ubique et omnibus praesto est.

Audiat licet[11], quem modum servare in sacrificiis debeat, quam procul resilire a[12] molestis superstitionibus: numquam satis profectum erit[13], nisi deum <talem>, qualem debet, mente conceperit[14], omnia habentem, omnia tribuentem, beneficum gratis.

Quae causa est dis bene faciendi? Natura. Errat, si quis illos putat nocere nolle: Non possunt. Nec accipere iniuriam queunt[15] nec facere; laedere etenim[16] laedique coniunctum est. Summa illa ac pulcherrima omnium natura <eos[17]>, quos periculo exemit[18], ne periculosos quidem fecit.

Primus cultus deorum est: deos credere; deinde reddere[19] illis maiestatem suam, reddere[19] bonitatem, sine qua nulla maiestas est; scire illos esse, qui praesident mundo, qui universa[20] vi sua temperant[21], qui humani generis tutelam[22] gerunt – interdum incuriosi[23] singulorum. Hi nec dant malum nec habent; ceterum castigant quosdam et coercent et irrogant[24] poenas et aliquando specie[25] boni puniunt. Vis deos propitiare[26]? Bonus esto! Satis illos coluit, quisquis imitatus est.

1 lucerna: Leuchter *(am Sabbat in der Dämmerung angezündet)*
2 sabbatum: (der jüdische) Sabbat *(in Rom lebten viele Juden)*
3 egēre + *Abl.*: benötigen
4 fūlīgō, -inis: Ruß – **5 officium:** Diensteifer – **6 capī:** *hier etwa:* sich beeindrucken lassen – **7 linteum:** Leinen – **8 strigilis:** Schabeisen *(zum Abschaben des Öls nach dem Sport)* – **9 speculum:** Spiegel
10 quidnī: warum nicht
11 licet + *Konj.*: auch wenn (man …) – **12 resilīre ab:** sich fernhalten von – **13 prōfectum est:** *hier unpersönlich:* man ist vorangekommen – **14 concipere:** (geistig) erfassen

15 queō (*Inf.* **quīre**): können
16 etenim = enim – **17 eōs** = deōs – **18 eximere,** -imō, -ēmī, -ēmptum + *Abl.*: befreien von

19 reddere: *hier etwa:* zuerkennen, anerkennen – **20 ūniversa** (*n. Pl.*): der Kosmos, das All
21 temperāre: lenken – **22 tūtēla** + *Gen.*: Schutz für – **23 incūriōsus** + *Gen.*: nicht interessiert an
24 irrogāre: auferlegen – **25 speciē** + *Gen.*: unter dem Anschein von
26 propitiāre: günstig stimmen

Adhortativ, abh. Frage – prohibere, vetare, ambitio, sacrificium, cultus deorum

1 *Vor der Übersetzung:* Ermitteln Sie, um welche Kulte es im ersten Textteil geht.
2 Stellen Sie die Kritikpunkte Senecas an den tradierten Kulten zusammen.
3 Arbeiten Sie Senecas Gottesbild aus dem Text heraus.
4 Stellen Sie die Unterschiede zwischen traditionellen Götterkulten in Rom und dem theologischen Konzept Senecas einander gegenüber (z. B. als Tabelle).

K Viele Kulte und Religionen in Rom

Zur Zeit Senecas gab es eine Reihe fremder Religionen und Kulte in Rom: Die Stadt war als Zentrum des Römischen Reiches ein Sammelbecken für Menschen aus unterschiedlichen Kulturräumen. So gab es eine große jüdische Gemeinde, die entsprechend den Sabbat heiligte. Beliebt war auch die ursprünglich aus Ägypten stammende Göttin Isis, die besonders bei den Frauen viele Anhängerinnen besaß. Der römische Staat ließ die Anhänger fremder Kulte in der Regel unbehelligt, da die polytheistischen Römer die Existenz auch fremder Götter anerkannten und deren Kult respektierten. Die monotheistischen Juden genossen sogar einige Privilegien im römischen Staat: Sie brauchten sich nicht an dem für sie unerlaubten Kaiserkult zu beteiligen. Aufgrund ihres Monotheismus und der Weigerung, den übrigen Göttern kultische Ehren zu erweisen, galt das Judentum ebenso wie das Christentum als eine eher verdächtige Religion.

Thora und Zeigestab (© Wikimedia Commons)

Güterlehre

15. Vernunft und glückseliges Leben (Sen. epist. 92,1–4: C)

Auch für die Stoa spielte das glückselige Leben (lat. vita beata, gr. eudaimonía) eine wichtige Rolle. Im folgenden Brief legt Seneca den Beitrag der Vernunft (lat. ratio) für die Glückseligkeit dar.

Ich glaube, dass wir beide in Folgendem übereinstimmen: Äußeres wird für den Körper erworben, die Sorge für den Körper dient dem Geist und die Seele enthält Elemente, die für unsere Bewegung und die Ernährung da sind und

5 *die so dem lenkenden Teil des Geistes dienen.* In hoc principali¹ est aliquid irrationale, est et rationale. Illud huic servit, hoc unum <rationale> est, quod alio² non refertur², sed omnia ad se refert. Nam illa quoque divina ratio omnibus praeposita est³, ipsa sub nullo est; et haec

10 autem nostra <ratio> eadem est, quia ex illa <divina> est. Si de hoc inter nos convenit⁴, sequitur, ut de illo quoque conveniat⁴ in hoc uno positam esse⁵ beatam vitam, ut in nobis ratio perfecta sit. Haec enim sola non summittit⁶ animum, stat contra fortunam; in quolibet⁷ rerum

15 habitu animum interritum servat.

Id autem unum bonum est, quod numquam defringitur⁸. Is est beatus, quem nulla res minorem facit; tenet summa, et ne ulli quidem nisi sibi innixus⁹; nam, qui aliquo auxilio sustinetur, potest cadere. Si aliter est,

20 incipient multum in nobis valere¹⁰ non nostra¹¹. Quis autem vult constare¹² fortuna aut quis prudens se ob aliena¹³ miratur¹⁴?

Quid est beata vita? securitas et perpetua tranquillitas. Hanc dabit animi magnitudo, dabit constantia bene

25 iudicati tenax¹⁵. Ad haec quomodo pervenitur? si veritas tota perspecta est; si servatus est in rebus agendis ordo,

---

1 prīncipāle: leitender, lenkender Teil (der Seele) – **2 referrī aliō:** *hier etwa:* von etwas anderem abhängen – **3 praepositum esse** + *Dat.:* lenken, befehlen
4 convenit + *AcI:* es besteht Übereinstimmung – **5 positum esse in:** beruhen auf – **6 summittere:** sinken lassen, niederdrücken
7 quīlibet: jeder beliebige
8 dēfringere: schmälern, mindern – **9 innīxus** + *Dat.:* gestützt auf – **10 multum valēre:** großen Einfluss haben
11 nōn nostra: Fremdes; was nicht Unseres ist – **12 cōnstāre** + *Abl.:* sich gründen auf, vertrauen
13 aliēna: Dinge, die einem nicht gehören – **14 mīrārī** + *Akk.:* bewundern

15 tenāx + *Gen.:* festhaltend an

modus[16], decor, innoxia voluntas ac benigna, intenta[17] rationi nec umquam ab illa recedens. Denique – ut breviter tibi formulam scribam – talis animus esse sapientis viri debet, qualis deum deceat[18].

Quid potest desiderare is, cui omnia honesta contingunt? Quid turpius stultiusve quam bonum[19] rationalis animi ex inrationalibus <rebus>[20] nectere[21]?

16 modus: Maß – **17 intentus** + *Dat.*: bedacht auf – **18 decet** + *Akk.*: es passt für/zu; es gehört sich für

19 bonum: *hier:* das Gut
20 irrationālēs rēs: unvernünftige Elemente *(d. h. Scheingüter bzw. Adiaphora)* – **21 nectere ex:** herstellen, gründen auf

1 *Vor der Übersetzung:* Machen Sie sich mit Platons Seelenmodell vertraut (s. u.) und suchen Sie nach Hinweisen hierauf im ersten Absatz.
2 Stellen Sie die zentralen stoischen Kernbegriffe aus dem Text zusammen und geben Sie jeweils eine knappe Definition bzw. Erläuterung (z. B. in Form einer Tabelle).
3 Sicher haben auch Sie oft Stress und Probleme in Ihrem Leben: Diskutieren Sie, ob Sie die Ratschläge Senecas zur Erreichung von Seelenruhe und Glück in Ihrem Leben umsetzen können.
4 Seneca legt nahe, dass Menschen allein aufgrund von theoretischer Überlegung und rationaler Einsicht *(ratio)* immer zum richtigen Handeln fähig sind. Finden Sie (Gegen-)Beispiele hierfür.

K Platons Seelenmodell

Laut Platon lenkt die Seele den Körper. Die Seele selbst besteht demnach wiederum aus drei Teilen: Die *Vernunft* steht an der Spitze und lenkt die beiden anderen Teile, nämlich den edleren *Mut* (bzw. Tapferkeit) und die niedrigere *Begierde.* Die Vernunft führt zu einem Ausgleich und macht den Menschen (im Idealfall) weise, gerecht und maßvoll. Das Ganze ist bildhaft in Platons Dialog Phaidros als Pferdegespann dargestellt:

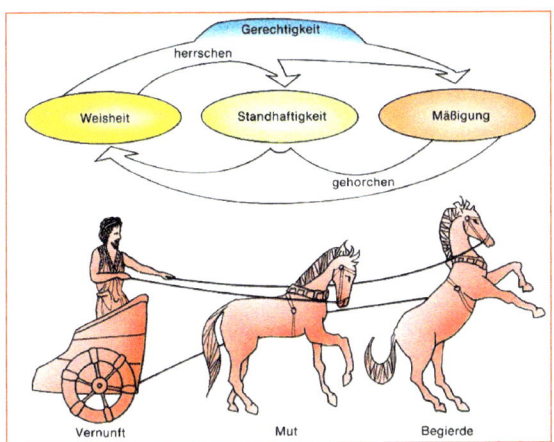

Peter Kunzmann/Franz-Peter Burkhard/ Franz Wiedmann: dtv-Atlas Philosophie. Grafische Gestaltung von Axel Weiß © 1991 dtv Verlagsgesellschaft, München.

16. Äußere Güter und das Glück (Sen. ep. mor. 98,1–5: B)

Seneca warnt seine Leser davor, ihr Glück in äußeren und damit auch leicht verlierbaren »Gütern« zu suchen.

Numquam credideris[1] felicem quemquam[2] ex felicitate[3] suspensum[4]! Fragilibus innititur[5], qui adventicio[6] laetus est: exibit gaudium, quod intravit. *Aber was aus unserem eigenen Inneren entstammt, ist treu und beständig;*
5 *es wächst und bleibt bis zum Ende bei uns:* Cetera, quorum admiratio est vulgo, in diem[7] bona sunt. ›Quid ergo? non usui ac voluptati esse possunt[8]?‹ Quis negat? Sed ita[9], si illa ex nobis pendent[10], non[11] ex illis nos. Omnia, quae fortuna intuetur[12], ita fructifera ac iucunda
10 fiunt, si <is>, qui habet illa, se quoque habet, nec in rerum suarum potestate[13] est. Errant enim, Lucili, qui aut boni aliquid nobis aut mali iudicant tribuere fortunam: *Die fortuna gibt uns nur das Material und den Ausgangspunkt für Dinge, die entweder gut oder schlecht*
15 *ausgehen können.* Valentior[14] enim omni fortuna animus est, et in utramque partem ipse res suas ducit, beataeque ac miserae vitae sibi[15] causa est.

Malus omnia in malum vertit, etiam quae cum specie[16] optimi venerant: rectus atque integer[17] corrigit prava[18]
20 fortunae et dura atque aspera ferendi scientia[19] mollit[20]; idem et secunda[21] grate excipit modesteque et adversa[22] constanter ac fortiter. *Selbst ein kluger Mensch, der nichts über seine Kräfte und alles mit klarem Urteil angeht, muss wissen, dass aller Besitz unsicher ist, wenn*
25 *er die Seelenruhe erlangen will.*

Sic componetur[23],
si et liberos et coniugem et patrimonium sic habuerit tamquam non utique[24] semper habiturus[25]

1 numquam credideris: glaube niemals *(verneinter Imperativ)*
2 quisquam: irgendjemand
3 fēlīcitās: (äußeres) Glück
4 suspēnsus ex: abhängig von
5 innītī + *Abl.*: sich stützen auf
6 adventīcium: etwas von außen Kommendes – **7 in diem:** nur für den (jetzigen) Tag – **8 possunt:** *Subjekt sind die äußeren Güter*
9 ita: nur in dem Falle
10 pendēre ex: abhängen von
11 nōn: *hier:* und nicht
12 intuērī: bescheren
13 potestās: Gewalt – **14 valēns:** stark – **15 sibi:** für sich selbst

16 speciēs: Anschein – **17 integer:** rechtschaffen – **18 prāva** *(n. Pl.)*: Schläge – **19 ferendī scientia:** Geduld – **20 mollīre:** abmildern
21 secunda *(n. Pl.)*: Glück
22 adversa *(n. Pl.)*: Unglück

23 compōnī: gestimmt/gesonnen sein – **24 utique:** unbedingt
25 tamquam habitūrus: so als hätte er

et tamquam non miserior ob hoc futurus[26],
si <liberos, coniugem, patrimonium> habere desierit[27]. Calamitosus[28] est animus futuri[29] anxius[30] et ante miserias miser, qui sollicitus[31] est, ut ea, quibus delectatur, ad extremum usque[32] permaneant. Nullo tempore enim conquiescet.

26 tamquam futūrus: so als würde er sein – **27 dēsinere,** -sinō, -siī, -situm + *Inf.*: aufhören zu – **28 calamitōsus:** bedauernswert – **29 futūrum** *Subst.*: Zukunft – **30 anxius** + *Gen.*: ängstlich wegen – **31 sollicitus ut:** besorgt, ob – **32 ūsque:** für immer

1. Im ersten Absatz findet sich das Stilmittel des Paradoxons: Weisen Sie dieses nach und erläutern Sie es.
2. Im zweiten Absatz ist von der *fortuna* die Rede: Recherchieren Sie die Bedeutung dieses Begriffs und erläutern Sie ihn im Textzusammenhang.
3. Erläutern Sie die Aussage des letzten Absatzes mit eigenen Worten und geben Sie Beispiele aus dem eigenen Leben für die Aussagen.
4. Informieren Sie sich über die Bedeutung des Terminus *adiáphoron* (s. o. S. 20 f.); weisen Sie die stoische Lehre von den *adiáphora* im Text nach.
5. Erörtern Sie, ob Senecas Ausführungen zu den *adiáphora* auch für Ihre Lebensführung anwendbar wären oder wo es für Sie Grenzen gäbe.

Antike Statue der Göttin Fortuna mit Füllhorn
(© Wikimedia Commons)

17. Das Glück und die Güter im Leben

Wie Sie an den bisherigen Ausführungen sehen konnten, vertraten Seneca und die Stoiker im Allgemeinen recht rigorose Auffassungen dazu, was man im Leben als ein Gut ansehen darf und was als irrelevant *(adiáphora)* zu gelten hat. Diese rigorose Grundhaltung der Stoiker betrifft allerdings nicht nur die Güterlehre, sondern ganz allgemein auch die Lehre vom Glück. Eigentlich war für alle Philosophenschulen des Hellenismus die Suche nach dem individuellen Glück zentral. Hieraus ergab sich im Weiteren die Definition des sogenannten »höchsten Gutes«, das z. B. bei den Epikureern in der »Lust« oder besser »inneren Zufriedenheit« (gr. *hēdoné*) lag und bei Aristoteles und seiner Schule ganz direkt in der Glückseligkeit selbst (gr. *eudaimonía*). Bei den Stoikern dagegen wird die »Tugend« (gr. *areté*, lat. *virtus*) oder auch die Vernunft als die für den Menschen spezifische *virtus* als höchstes Gut festgelegt.

Zum Vergleich ist hier ein zentraler Text des Aristoteles beigefügt, der Unterschiede der verschiedenen Philosophenschulen deutlich macht (Aristoteles, *Nikomachische Ethik* I 5; 1097a15–b21 in Auszügen):

»(1) Wir wollen uns noch einmal der Frage nach dem Gut und seiner Definition zuwenden: Offenbar ist es nämlich in jeder Handlung und in jedem Bereich jeweils andersartig. So ist es jeweils anders in der Medizin, im Militärwesen und den übrigen Disziplinen entsprechend. Was ist nun das eigentliche Gut in jeder Disziplin? Doch wohl dasjenige, weswegen überall jeweils alles geschieht: Dies ist in der Medizin die Gesundheit, im Militärwesen der Sieg, in der Architektur das Haus usw.; in jeder Handlung und bei allem Wollen ist es das jeweilige Ziel, weswegen alle jeweils alles tun. Wenn es daher ein Ziel für alle Handlungen gibt, dann wäre dies das durch Handeln bewirkte Gut; wenn es mehrere Ziele gäbe, dann wären das die Güter. (…) (3) Da die Ziele vielfältig sind und wir einige von ihnen um eines anderen Zieles willen anstreben (wie z. B. den Reichtum etc.), sind diese offensichtlich nicht die eigentlichen Lebensziele. Das höchste Gut muss aber das eigentliche Lebensziel sein. Wenn es daher nur ein einziges echtes Lebensziel gibt, dann dürfte dies das von uns gesuchte Gut sein (…). (4) Besonders vollkommen nennen wir das um seiner selbst willen erstrebte Ziel im Gegensatz zu einem Ziel, das wegen eines wieder anderen angestrebt wird (…); überhaupt ist das immer nur um seiner selbst willen erstrebte und niemals wegen etwas Anderem gesuchte Ziel das vollkommene. (5) Am ehesten scheint nun die Glückseligkeit *(eudaimonía)* so etwas zu sein, denn wir bemühen uns um sie um ihrer selbst willen und nie wegen etwas Anderem; um Ehre, Lust, Verstand und jede Art von guten Eigenschaften bemühen wir uns zum einen wegen dieser positiven Dinge selbst, zum anderen aber eben auch, um die Glückseligkeit zu erlangen, weil wir davon ausgehen, dass wir durch sie glückselig sein werden. Umgekehrt wählt keiner die Glückseligkeit, um die anderen positiven Dinge zu erreichen und überhaupt wegen etwas Anderem. (6) Dasselbe gilt auch für die absolute Unabhängigkeit *(autárkeia)*, denn das vollkommene Gut ist offenbar auch von allem Anderen unabhängig (›autark‹). Von ›Unabhängigkeit‹ sprechen wir nicht bei einem allein und isoliert lebenden Menschen, sondern wenn auch Eltern, Kinder, eine Ehefrau und überhaupt Freunde und Mitbürger im Spiel sind, denn von Natur aus ist der Mensch für die Gemeinschaft geboren. (7) (…) Als autark gilt uns etwas, das das Leben schon für sich allein lebenswert macht und ohne äußeren Zusatz auskommt. Wir glauben, dass dies die Glückseligkeit ist. (8) (...) Daher ist offensichtlich die Glückseligkeit sowohl vollkommen als auch von allem anderen unabhängig, somit auch das Ziel jeglichen Handelns.«

Was heute alles »glücklich« macht ...

1 Fassen Sie die Ausführungen des Aristoteles zusammen und geben Sie eine Gliederung der Hauptpunkte.
2 Stellen Sie einige wichtige Unterschiede zwischen aristotelischer und stoischer Auffassung zur Güterlehre zusammen.
3 Diskutieren Sie, welche der beiden Auffassungen Ihren Vorstellungen näher kommt oder ob Sie noch ein anderes Modell bevorzugen.

Affekte

18. Abwehr der Affekte (Sen. ep. mor. 116,3–5; A)

In einem seiner letzten Briefe geht Seneca auf die offenbar viel diskutierte Frage ein, ob der Mensch seine Affekte bzw. Leidenschaften nur mäßigen oder völlig ausrotten sollte. Während die Anhänger des Aristoteles lediglich die Mäßigung der Affekte fordern, plädieren die Stoiker für die komplette Ausrottung, denn die Affekte haben für sie denselben Stellenwert wie Krankheiten.

Omnis affectus primo[1] imbecillus[2] est; deinde ipse se concitat et vires, dum procedit, parat: Excluditur[3] facilius, quam expellitur[4]. Quis negat omnes affectus a quodam quasi naturali fluere principio? Curam nostri[5]
5 nobis natura mandavit, sed ubi huic nimium indulseris[6], vitium est. Voluptatem[7] natura necessariis rebus[8] admiscuit, non ut illam peteremus, sed ut ea, sine quibus non possumus vivere, gratiora nobis faceret illius accessio[9]: Suo veniat iure[10], luxuria est. Ergo intrantibus
10 <affectibus> resistamus, quia facilius, ut dixi, non[11] recipiuntur quam exeunt.

›Aliquatenus[12]‹ inquis ›dolere, aliquatenus[12] timere permitte.‹ Sed illud ›aliquatenus[12]‹ longe producitur[13], nec, ubi vis, accipit finem. *Für den Weisen ist es leicht, sich zu*
15 *beherrschen und seine Trauer oder Lust nach Belieben zu stoppen; für uns dagegen ist es am besten, gar nicht erst solche Affekte zuzulassen.*

Eleganter mihi videtur Panaetius respondisse adulescentulo cuidam quaerenti, an[14] sapiens amaturus[15] esset.
20 »De sapiente« inquit »videbimus: Mihi et tibi, qui adhuc a sapiente longe absumus, non est committendum, ut[16] incidamus in rem commotam[17]. *Wenn wir erhört werden, peitscht das unsere Affekte auf; im anderen Fall werden sie auch durch den vermeintlichen Hochmut*

---

1 prīmō: am Anfang
2 imbēcillus: schwach, harmlos
3 exclūditur: *hier:* er lässt sich von vornherein … fernhalten
4 expellitur: *hier:* er wird im nachhinein hinausgetrieben
5 cūra nostrī: die Sorge um uns – **6 indulgēre, -dulgeō, -dulsī, -dultum:** nachgeben – **7 voluptās:** Lustgefühl – **8 necessāriae rēs:** *hier:* (die Befriedigung der) lebensnotwendige(n) Bedürfnisse
9 accessiō: das Hinzutreten
10 suō veniat iūre: wenn sie (die Lust) einfach nur so von selbst auftritt – **11 nōn:** *hier:* erst gar nicht

12 aliquātenus: ein kleines bisschen – **13 prōdūcī:** sich ausdehnen, Einfluss haben

14 an: ob – **15 amāre:** *hier:* sich verlieben – **16 committere ut:** zulassen, dass – **17 commōtus:** voller Leidenschaft

des Angebeteten gereizt: Beides schadet uns also. Itaque consci[18] imbecillitatis nostrae quiescamus[19]; nec vino infirmum animum committamus[20] nec formae[21] nec adulationi«.

Quod Panaetius <adulescentulo> de amore quaerenti respondit, hoc ego de omnibus affectibus dico: Quantum possumus, nos a lubrico[22] recedamus; in sicco[23] quoque parum fortiter[24] stamus.

18 cōnscius + *Gen.*: (einer Sache) bewusst – **19 quiēscere**: ruhig bleiben (d. h. ohne Affekte) **20 committere**: anvertrauen **21 fōrma**: Schönheit

22 lūbricus: schlüpfrig, gefährlich – **23 in siccō**: schon auf trockenem (= ungefährlichem) Grund – **24 parum fortiter**: zu wenig fest (d. h. unsicher)

1. *Vor der Übersetzung:* Recherchieren Sie, was ein »Affekt« genau ist, und finden Sie im Text Hinweise auf solche Affekte.
2. Erläutern Sie, warum Seneca die Affekte für so gefährlich hält.
3. Arbeiten Sie aus dem Text Senecas Bild vom Weisen heraus.
4. Seneca verwendet im Text wieder einige Beispiele, Vergleiche und Bilder: Erläutern Sie ihre Funktion für den Zusammenhang und beurteilen Sie, ob sie wirklich immer passen: 1. Absatz *voluptas ... necessariis rebus*; vorletzter Absatz: *vino ... formae ... adulationi*; letzter Absatz: *a lubrico ... in sicco*.
5. Beurteilen Sie selbst die »Gefährlichkeit« der im Text genannten Affekte; erstellen Sie selbst eine Liste wirklich gefährlicher Affekte.
6. *Wortschatz erschließen:* Im Text gibt es eine Reihe von zusammengesetzten Verben wie z. B. *ex-cludere* »aus-schließen«, deren Bedeutung man leicht aufgrund der einzelnen Bestandteile (Präposition + Verbstamm) ableiten kann; finden Sie weitere Beispiele hierfür im Text. Wo lässt sich die Bedeutung nicht so leicht ableiten?

3 Phasen der Liebe:

1) Projektion unrealistischer Wünsche + Träume auf einen anderen Menschen.

2) Maßlose Enttäuschung.

3) Depression + Alkoholismus.

Ist Liebe gefährlich?

19. Kritik an der stoischen Affektenlehre (Sen. ep. mor. 85,1–7; B)

Die rigorose Affektenlehre der Stoiker rief auch Widerspruch hervor, so etwa bei den Anhängern des Aristoteles (= Peripatetiker). Seneca verteidigt dennoch seine Auffassungen gegenüber Lucilius.

<Stoicorum praeceptis[1]> probatur[2] virtus ad explendam[3] beatam vitam sola satis efficax <esse>. Iubes me, quidquid est interrogationum[4] nostrarum, comprendere[5].

(Es folgen einige Lehrsätze:)

5 ›Qui prudens est, et temperans est; qui temperans est, et constans; qui constans est, imperturbatus est; qui imperturbatus est, sine tristitia est; qui sine tristitia est, beatus est; ergo prudens beatus est; et prudentia ad beatam vitam satis est.‹

10 Huic collectioni hoc modo Peripatetici[6] quidam respondent, ut imperturbatum et constantem et sine tristitia sic interpretentur, tamquam[7] inperturbatus dicatur[8] <is>, qui raro perturbatur et modice, non <is> qui numquam <perturbatur>. Item sine tristitia eum dici[8] aiunt,
15 qui non est obnoxius[9] tristitiae nec frequens nimiusve in hoc vitio; illud enim humanam naturam negare[10]: alicuius animum immunem[11] esse tristitiae; sapientem non vinci maerore, ceterum[12] tangi; et cetera <Peripatetici[6] dicunt> in hunc modum sectae[13] suae respondentia[14]. His <verbis> non tollunt affectus, sed temperant[15].
20 Quantulum[16] autem sapienti damus[17], si[18] imbecillissimis fortior est et maestissimis laetior et effrenatissimis moderatior!

Quid, si sanum voces leviter febricitantem[19]? non est
25 bona valetudo mediocritas[20] morbi. Non enim deminutionem malorum in bono viro intellego[21], sed vacationem[22]; nulla debent esse, non parva; nam si ulla sunt, crescent et interim[23] impedient[24].

---

1 praecepta, ōrum: Lehre
2 probātur (+ *NcI*): es wird gezeigt, dass – **3 explēre:** erreichen – **4 interrogātiō:** (philosophische) Schlussfolgerung, Argumentation – **5 comprēndere:** zusammenfassen

6 Peripatēticī: Peripatetiker, Anhänger des Aristoteles
7 tamquam (+ *Konj.*): als ob
8 dīcī + *dopp. Nom.:* genannt werden – **9 obnoxius** + *Dat.:* anfällig für, ausgesetzt – **10 negāre** + *AcI:* hier etwa: nicht zulassen, verunmöglichen – **11 immūnis** + *Abl.:* völlig frei von
12 cēterum: *bei Seneca meist:* aber, sondern – **13 secta:** philosophische Schule – **14 respondēre** + *Dat.:* hier: entsprechen – **15 temperāre:** mäßigen – **16 quantulum:** wie wenig (an Affekten) – **17 dare:** hier: zugestehen, einräumen
18 sī: hier etwa: wenn (er) denn nur

19 febricitāre: Fieber haben
20 mediocritās: geringes Maß
21 intellegere: hier: anerkennen, zulassen können – **22 vacātiō:** Abwesenheit – **23 interim:** manchmal – **24 impedīre:** stören

Si das¹⁷ aliquos affectus sapienti, impar²⁵ illis erit ratio et
velut torrente²⁶ quodam auferetur, praesertim cum illi
non unum affectum des¹⁷, cum quo conluctetur²⁷, sed
omnīs. *(Seneca nennt Beispiele:)*
<Aliquis> habet pecuniae cupiditatem, sed modicam;
habet ambitionem, sed non concitatam; habet ira-
cundiam, sed placabilem; habet libidinem, sed non
insanam. Melius cum illo ageretur²⁸, qui unum vitium
integrum haberet, quam cum eo, qui leviora quidem,
sed omnia <vitia haberet>.

25 impar: nicht gewachsen, unterlegen – **26 torrēns:** reißender Wildbach – **27 conluctārī:** kämpfen

28 bene agitur cum aliquō: es geht jemandem gut; es steht gut mit jemandem

1 Arbeiten Sie anhand der ersten beiden Absätze heraus, was *virtus* laut Seneca ausmacht.
2 Überprüfen Sie die Schlussfolgerungen im zweiten Absatz auf ihre innere Stimmigkeit und Logik.
3 Stellen Sie die peripatetischen Kritikpunkte an der stoischen Affektenlehre zusammen; beurteilen Sie für sich selbst, welche philosophische Schule Ihnen plausibler erscheint.
4 *Vokabeln erschließen:* Das Substantiv *interroga-tio* ist mithilfe des Suffixes *-tio* von *interrogare* abgeleitet. Finden Sie weitere Beispiele für solche Ableitungen im Text und erläutern Sie Wortbildung und Bedeutung.

K Der Syllogismus (lat. *interrogatio*) in der Philosophie

Typisch für die antike Philosophie ist die logische Schlussfolgerung (gr. *syllogismós*) als Teil von Dialektik und Logik. Ein typischer Syllogismus lautete: 1. Alle Menschen sind sterblich; 2. Sokrates ist ein Mensch; → 3. Sokrates ist sterblich. Der Schlusssatz (Konklusion) ergibt sich hier logisch aus den beiden Vordersätzen (Prämissen). Der zweite Absatz im Text entspricht diesen Syllogismen. Ansonsten verzichtet Seneca allerdings anders als die griechischen Philosophen auf diese Art von logischer Argumentation. Sie hätte nicht zu der eher alltagssprachlichen Briefgattung gepasst und die weniger philosophie-interessierten Leser abgeschreckt.

S Komparativ und *Ablativus comparationis*

sapiens fortior aliis hominibus est (~ *sapiens fortior quam alii homines est*)
»der Weise ist stärker als andere Menschen«.

Im Zusammenhang mit einem Komparativ steht häufig ein Nomen im *Ablativus comparationis;* dieser Ablativ entspricht der Konstruktion mit *quam* und muss dann mit »als …« übersetzt werden.

Fatum und *providentia*

20. Das göttliche Schicksal lenkt alles (Sen. prov. 1,1–6 Auszüge: B/C)

Mit der Philosophie der Stoa verbindet man v. a. auch den Schicksalsglauben, der oben in Brief 16 bereits kurz thematisiert wurde. Ansonsten meidet Seneca das Thema in den Epistulae *eher. In seiner (ebenfalls dem Lucilius gewidmeten) Schrift über die Vorsehung* (De providentia) *geht er näher auf die Frage ein.*

Quaesisti a me, Lucili, quid[1] ita[2], si providentia mundus regeretur, multa bonis viris mala acciderent. Probabo praeesse universis providentiam et interesse[3] nobis deum. Supervacuum est ostendere
5 non sine aliquo custode[4] tantum opus[5] stare nec hunc siderum coetum discursumque[6] fortuiti impetūs[7] esse[8]; <supervacuum est ostendere> non esse[9] materiae errantis hunc ordinem nec, quae temere[10] coierunt, tanta arte pendēre[11], ut terrarum gravissimum pondus[12] sedeat
10 immotum (…).

1 **quid:** warum – 2 **ita:** dann, in dem Fall – 3 **interesse** + *Dat.*: sich interessieren für
4 **custōs,** -ōdis: *hier:* Lenker
5 **opus** = mundus – 6 **discursus:** Verlauf, Laufbahnen (der Sterne)
7 **impetus,** -ūs: Anstoß, Impuls
8 **esse** + *Gen.: hier:* beruhen auf
9 **esse** + *Gen.: hier:* innewohnen, zu eigen sein – 10 **temere:** durch Zufall – 11 **pendēre:** im Gleichgewicht sein – 12 **pondus:** Gewicht

(Im Weiteren nennt Seneca weitere Beispiele aus der Natur, die belegen sollen, dass ein göttlicher Lenker bzw. das fatum *für die planvolle Anlage des Kosmos und der Natur verantwortlich sein muss: Fließrichtung des Wassers, Pflanzenwachstum, Gezeiten.)*

Ich möchte dich in die Freundschaft mit den Göttern führen, die zu den sehr guten Menschen sehr gut sind. Neque enim rerum natura patitur, ut umquam bona bonis noceant; inter bonos viros ac deos amicitia est concil-
15 iante[13] virtute. Amicitiam dico? Immo[14] etiam necessitudo[15] et similitudo, quoniam quidem bonus tempore tantum a deo differt[16], discipulus eius aemulatorque et vera progeniēs[17], quam parens ille magnificus, virtutum non lenis exactor, sicut severi patres, durius educat[18].
20 (…) Hoc tibi de deo liqueat[19]: Bonum virum in deliciis non habet[20], experitur, indurat, sibi illum parat.

13 **conciliāre:** die Verbindung herstellen – 14 **immō:** ja sogar
15 **necessitūdō:** Verwandtschaft
16 **differre ā:** sich unterscheiden von – 17 **prōgeniēs:** Nachkommenschaft – 18 **ēducāre:** erziehen

19 **liquet:** es ist klar – 20 **in dēliciīs habēre:** verwöhnen

abh. Frage, AcI, Abl. Abs. – quaerere, providentia, ordo, gratia, virtus, amicitia

1. *Vor der Übersetzung:* Informieren Sie sich über das Problem der Theodizee (s. u.) und suchen Sie im Text nach Hinweisen hierauf.
2. Finden Sie Zwischenüberschriften für die einzelnen Abschnitte des Textes.
3. Arbeiten Sie das Verhältnis zwischen Gott und Mensch aus dem Text heraus.
4. Erläutern Sie, wie Seneca die »Ordnung« des Kosmos erklärt, und vergleichen Sie dies mit modernen Erklärungen.
5. Bei dem Text handelt es sich um einen Ausschnitt aus einem sogenannten *dialogus,* auch wenn streng genommen nicht zwei (oder mehr) Sprecher mit direkten Redepartien auftreten. Weisen Sie dennoch dialogische Elemente im Text nach.

K Das Problem der Theodizee

In der Schrift *De providentia* behandelt Seneca ausführlich die auch heute noch in der Theologie relevante Frage, warum gerechten bzw. guten Menschen in der Welt Schlechtes zustößt, wenn es doch eine gute Gottheit bzw. ein gerechtes Schicksal als Lenkungskraft des Kosmos gibt. Diese Frage nach der »Rechtfertigung Gottes« in der Welt nannte der Philosoph Gottfried Wilhelm Leibniz im 17. Jh. »Theodizee« (aus gr. *theós* »Gott« + *díkaios* »gerecht«).

Die Antworten hierauf fallen seit der Antike sehr unterschiedlich aus: Für viele Christen bedeuten Unglücksfälle im Leben von Gott auferlegte Prüfungen, deren tapferes Erleiden dem Menschen Pluspunkte für das Heil im Jenseits einbringt; biblische Beispiele für diese Sichtweise sind etwa die Leiden Hiobs oder auch Jesu. Andere Theologen weisen zumindest das von Menschen verursachte Unrecht dem freien menschlichen Willen zu, dem sich Gott nicht entgegenstelle.

Die antiken Stoiker setzen jedoch anders an, nämlich bei der Definition von »gut« und »schlecht«: Beides sei nur im moralisch-ethischen Sinne zu definieren, d. h. eine von außen kommende Katastrophe oder auch zugefügtes Unrecht tangiere nicht die ethisch zu verstehende Tugend eines guten Menschen und sei daher auch nicht als »schlecht« zu verstehen; »schlecht« sei nur das, was der Tugend Schaden zufüge.

21. Leiden als Training für die *virtus* (Sen. prov. 2, 1–4: B/C)

Das Problem der Theodizee vertieft Seneca an einer späteren Stelle seines Dialogs De providentia. *Hier scheint er zugleich mit der Etymologie der Wörter* vir, vīs *und* virtūs *zu spielen.*

›Quare multa bonis viris adversa eveniunt?‹ Nihil mali accidere bono viro potest: Non miscentur contraria. Quemadmodum tot amnes, tantum[1] superne[2] deiectorum imbrium[1], tanta vis medicatorum fontium[3] non
5 mutant saporem[4] maris, ne remittunt[5] quidem, ita adversarum[6] impetus rerum[6] viri fortis animum non vertit: Manet in statu et, quidquid evenit, in suum colorem[7] trahit; est enim omnibus externis potentior. Nec hoc dico: non sentit illa, sed vincit et alioqui[8] quie-
10 tus placidusque contra incurrentia[9] attollitur[10]. Omnia adversa[11] exercitationes putat. Quis autem vir modo[12] erectus[13] ad honesta non est laboris appetens iusti et ad officia cum periculo promptus[14]? Cui non industrio[15] otium poena est?
15 Athletas videmus, quibus virium[16] cura est, cum fortissimis quibusque[17] confligere et exigere ab iis, per quos certamini praeparantur, ut totis contra ipsos viribus utantur; caedi se vexarique patiuntur et, si non inveniunt singulos pares[18], pluribus simul obiciuntur.
20 Marcet[19] sine adversario virtus: Tunc apparet, quanta sit quantumque polleat, cum, quid possit, patientia ostendit. Scias licet[20] idem viris bonis esse faciendum, ut dura ac difficilia non reformident[21] nec de fato querantur, ‹sed›, quidquid accidit, boni consulant[22], in bonum
25 vertant.
Non quid, sed quemadmodum feras, interest.

1 tantum imbrium: so viel an Regen – **2 superne:** von oben **3 medicātī fontēs:** Heilquellen **4 sapor:** (salziger) Geschmack **5 remittere:** abschwächen **6 adversae rēs** (n. Pl.): Unglück **7 in suum colorem trahere:** *hier etwa:* in seine Wesensart übernehmen *bzw.* verarbeiten **8 aliōquī:** ansonsten, im Übrigen – **9 incurrere:** anstürmen (*vom Unglück*) – **10 attollī:** sich erheben – **11 adversa** (n. Pl.): Unglück – **12 modo:** sofern (er) nur (ist) – **13 ērēctus ad:** bedacht auf – **14 prōmptus ad:** bereit zu **15 industrius:** aktiv(er Mensch) **16 vīrēs:** Körperkraft, Muskelaufbau – **17 quisque** + *Superlativ*: gerade, vor allem (fortissimus quisque: gerade der Stärkste) – **18 singulī parēs:** einzelne gleich starke (Trainingspartner) **19 marcēre:** erschlaffen **20 sciās licet:** du solltest wissen **21 reformīdāre:** scheuen, zurückschrecken vor – **22 bonī cōnsulere:** gutheißen, zufrieden sein mit

---

dir. Frage, AcI, abh. Frage, substantivierte Adj. – adversa, vis, vir, virtus, pati, quietus

1 Arbeiten Sie aus dem Text heraus, wie Seneca die Theodizee-Problematik hier erklärt.
2 Seneca verwendet im Text Beispiele und Vergleiche (Wasser, Sport): Erklären Sie deren Funktion für die Textaussage und beurteilen Sie die logische Stimmigkeit.
3 Erläutern Sie die Schlusssentenz und diskutieren Sie, ob sie auf Ihr Leben passt.
4 Seneca beschreibt Leiden als Training für die menschliche *virtus:* Wie können dann die Götter *virtus* erlangen?
5 Stellen Sie die Substantive *vir* und *vis* sowie deren Ableitungen aus dem Text zusammen und erklären Sie, warum Seneca sie wie ein Netz über den Textabschnitt verteilt hat.
6 *Wörter erschließen:* Viele Wörter im Text lassen sich durch Fremdwörter oder Parallelen in neuen Fremdsprachen erschließen. Erklären Sie danach die Bedeutung von: *externus, potens, quietus, exercitatio, iustus, athleta, confligere, praeparare, apparere, patientia, difficilis.*

S **Lateinische Passivformen angemessen übersetzen**

Für das lateinische Passiv gibt es mehrere Möglichkeiten der angemessenen Übersetzung: Meistens kann es »wörtlich« mit dem deutschen Passiv (»werden« + Partizip Präteritum) wiedergegeben werden: *athletae caeduntur* »die Athleten werden geschlagen«.

Manchmal passt aber eine reflexive Übersetzung mit »lassen« besser: *athletae caeduntur* »die Athleten lassen sich schlagen«.

Recht häufig haben die lateinischen Passivformen überhaupt eine reflexive Bedeutung: *athletae vexantur et praeparantur* »die Athleten quälen sich und bereiten sich vor«.

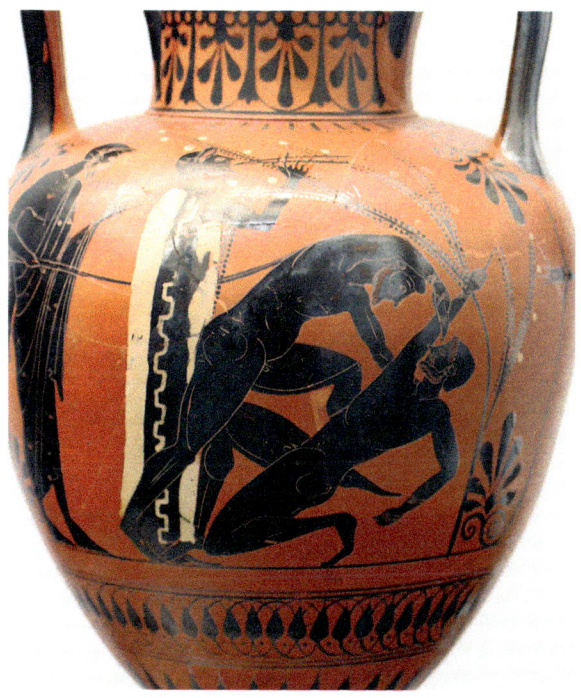

Griechische Athleten beim Ringkampf
(© Wikimedia Commons)

Tod und Freitod

22. Tod und Leben (Sen. ep. mor. 61: A/B)

Die Angst vor dem Tod ist für viele Menschen die größte Angst im Leben überhaupt. Seneca, der bei der Abfassung seiner Epistulae morales *selbst schon recht betagt war, hat sich mit dem Thema Tod in vielen Briefen auseinandergesetzt und versucht, seinen Lesern die Angst vor dem Tod zu nehmen.*

Wir sollten aufhören, weiter zu wollen, was wir einmal gewollt haben: Ego certe id ago, ne[1] senex eadem velim, quae puer volui. In hoc[2] unum eunt dies, in hoc[2] noctes, hoc opus[3] meum est, haec cogitatio: imponere veteribus malis[4] finem. Id ago, ut[1] mihi instar[5] totius vitae dies sit; nec mehercules <diem> tamquam[6] ultimum rapio[7], sed sic illum aspicio, tamquam[6] esse vel ultimus possit. Hoc animo tibi hanc epistulam scribo, tamquam[6] me cum maxime scribentem[8] mors evocatura sit; paratus exire sum, et ideo fruar vita, quia, quam diu futurum hoc sit, non nimis pendeo[9]. Ante senectutem curavi, ut bene viverem, in senectute, ut bene moriar; bene autem mori est: libenter mori.

Da operam[10], ne quid umquam invitus facias: *Was für den Widerstrebenden wie ein zukünftiger Zwang wirkt, das bedeutet für den Willigen keinen Zwang; das heißt:* qui imperia[11] libens excipit, partem acerbissimam servitutis effugit: facere[12], quod nolit. Non, qui iussus[13] aliquid facit, miser est, sed qui invitus facit. Itaque sic animum componamus, ut, quidquid res[14] exiget[15], id velimus, et imprimis ut finem nostri[16] sine tristitia cogitemus.

Ante[17] ad mortem quam ad vitam praeparandi sumus. Satis instructa vita est, sed nos in instrumenta[18] eius[19] avidi sumus; *uns scheint immer irgendetwas zu fehlen und das wird auch immer so sein:*

---

1 id agere nē: sich bemühen (etwas) nicht (zu tun) – **2 in hoc:** zu diesem Zweck – **3 opus:** *hier:* Bemühen – **4 malum:** *hier:* Fehler – **5 īnstar** + *Gen.:* wie **6 tamquam:** gleichwie; als ob **7 rapere:** ausplündern *(d. h. bis zum Letzten auskosten)*

8 cum maximē scrībens: gerade jetzt beim Schreiben – **9 nimis pendēre:** allzu großes Gewicht legen auf

10 operam dare: sich Mühe geben – **11 imperium:** *hier:* Befehl – **12 facere:** (nämlich das) zu tun – **13 iussus:** auf Befehl; weil es ihm befohlen wurde – **14 rēs:** Situation – **15 exigere:** erfordern **16 fīnis nostrī:** unser (Lebens-)Ende

17 ante … quam: eher … als **18 īnstrūmentum:** Hilfsmittel **19 eius** = für das Leben

Ut[20] satis vixerimus, nec anni nec dies facient[20] sed animus[21]. Vixi, Lucili carissime, quantum satis erat; mortem plenus expecto. Vale.

20 facere ut: bewirken, dass
21 animus: *hier etwa:* die innere Einstellung

1. Gliedern Sie den Text nach inhaltlichen Abschnitten und geben Sie jeweils Zwischenüberschriften.
2. Weisen Sie im Text Elemente der stoischen Lehre vom Schicksal *(fatum)* nach.
3. Der Brief enthält eine ganze Reihe von paradoxen und auf den ersten Blick überraschenden Aussagen: Stellen Sie diese (ggf. arbeitsteilig nach Absätzen) zusammen und erklären Sie deren Bedeutung.
4. Finden Sie im Brief die Textstellen, die auf ein hohes Alter des Briefschreibers schließen lassen; erstellen Sie auch ein Psychogramm des Brief-Ich.
5. Diskutieren Sie, ob der Brief für Sie eine Lebenshilfe ist. Beurteilen Sie dabei besonders auch den dritten Absatz *(da operam … cogitemus)*.

S Konjunktiv Präsens und Futur I – manchmal leicht zu verwechseln

In dem Brief wechseln die Formen des Konj. Präs. und Fut. I mehrfach miteinander ab; z. T. weisen sie das gleiche Modus- bzw. Tempuskennzeichen (-e-) auf.

Diese etwas verwirrende Überschneidung der Tempuskennzeichen im Lateinischen hat sprachgeschichtliche Gründe: Der Vokal -a- bezeichnete ursprünglich einen Modus mit der Bedeutung »wollen« (*fruar* »ich will genießen«), der Vokal -e- ursprünglich den Konjunktiv mit z. T. futurischer Bedeutung.

So können Sie die Formen auseinanderhalten:

	Futur I	Konjunktiv
a-Konjugation	bo-bi-bu-Futur: cogita-bi-mus	Kennvokal e: cogit-e-mus
e-Konjugation	bo-bi-bu-Futur: mone-bi-mus	Kennvokal a: mone-a-mus
i- und kons. Konj.	a-/e-Futur: 1. Pers. a, sonst e fru-a-r; exig-e-t; faci-e-nt	Kennvokal a: fru-a-r; faci-a-s

23. Darf man sich selbst töten? (Sen. ep. mor. 70, 4–8; 24: A)

In der Antike war die Selbsttötung bzw. der Freitod nicht so stark tabuisiert wie in heutigen westlichen oder auch stark religiös orientierten Gesellschaften. Die Stoiker behandelten das Thema ebenfalls; Seneca gibt konkrete Ratschläge:

Vita non semper retinenda est; non enim vivere bonum est, sed bene vivere. Itaque sapiens vivet, quantum debet, non quantum potest. Videbit[1], ubi victurus[2] sit, cum quibus, quomodo, quid acturus <sit>. Cogitat
5 semper, qualis vita, non quanta sit. Si multa occurrunt molesta et tranquillitatem turbantia, emittit se <e vita>. Nec hoc tantum in necessitate ultima facit; sed cum primum illi coepit suspecta esse fortuna, diligenter circumspicit, numquid[3] illic desinendum[4] sit. Nihil
10 existimat sua referre[5], <utrum> faciat finem an accipiat, tardius fiat an citius[6]: non tamquam de magno detrimento timet. Citius[6] mori aut tardius ad rem non pertinet[7], bene mori aut male ad rem pertinet[7]; bene autem mori est effugere male vivendi periculum. *Daher*
15 *muss ich auch das Verhalten des Telesphoros[8] kritisieren; als er vom Tyrannen Lysimachos in einem Käfig wie ein wildes Tier gehalten wurde, riet ihm jemand, sich durch Nahrungsverweigerung zu töten, doch er antwortete: »Solange der Mensch lebt, kann er noch alles erhoffen.«*
20 Ut[9] sit hoc verum, non omni pretio vita emenda[10] est. Quaedam licet[11] magna, licet[11] certa sint, tamen ad illa turpi infirmitatis confessione[12] non veniam. Aliquando tamen <sapiens>, etiam si certa mors instabit[13] et destinatum sibi supplicium sciet, non commo-
25 dabit[14] poenae suae manum. Stultitia est timore mortis mori: venit[15], qui occīdat; exspecta!
(…) Nihil obstat[16] erumpere et exire <e vita> cupienti: *Die Natur beschützt uns zwar, lässt uns aber Freiheit.* Cui

1 **vidēre:** *hier:* achten auf, zusehen – 2 **victūrus** < vīvere

3 **numquid:** ob nicht besser
4 **dēsinere:** Schluss machen
5 **nihil suā refert** + *abh. Frage:* es ist unwichtig für ihn, ob…
6 **citius** *Adv.:* schneller – 7 **ad rem pertinēre:** eine Rolle spielen

8 **Telesphoros:** *wurde um 300 v. Chr. von Lysimachos grausam verstümmelt*

9 **ut** + *Konj.:* selbst wenn
10 **emere:** (er)kaufen – 11 **licet** + *Konj.:* mag auch, selbst wenn
12 **cōnfessiō:** Eingeständnis

13 **īnstāre:** drohen – 14 **commodāre** + *Dat.:* verwenden für
15 **venit** <aliquis>: *Präsens hier mit futurischer Bedeutung*

16 **nihil obstat** + *Inf.:* nichts steht dem im Wege zu …

permittit necessitas[17] sua, circumspiciat exitum[18] mo-
lem; cui ad manum plura sunt, per quae sese asserat[19], is dilectum agat[20] et, qua[21] potissimum liberetur, consideret.

17 necessitās: schwierige Lage
18 exitus: Tod – **19 sē asserere:** *hier:* sich töten – **20 dīlēctum agere:** eine Auswahl treffen
21 quā: wie

1. Stellen Sie die sentenzartigen Aussprüche aus dem Text zusammen und legen Sie dar, welche heute noch anwendbar sind.
2. Erstellen Sie eine Übersicht der Argumente, die laut Seneca und früher Stoa (s. u.) für und gegen eine Selbsttötung sprechen.
3. Recherchieren Sie die Gründe, die in der heutigen Gesellschaft gegen die Selbsttötung angeführt werden. Erörtern Sie auch die Frage, ob es sich Seneca an einigen Stellen nicht etwas zu einfach macht.

K   Der Freitod in der frühen Stoa

Leben und Tod gehören im Rahmen der stoischen Güterlehre zu den Adiáphora, d. h. es ist für die Tugend im Prinzip irrelevant, ob man lange oder kurz lebt. Allerdings kann man sich nur im Leben tugendhaft verhalten; daher gehört das Leben zu den vorzuziehenden (gr. *proēgména*), der Tod zu den zu meidenden (gr. *apoproēgména*) Adiáphora. Der Freitod wird bei den frühen Stoikern folgendermaßen gerechtfertigt:

»Auf diese fünffache Weise lässt sich der freiwillige Austritt aus dem Leben begründen: 1. Aufgrund einer außerordentlichen Notwendigkeit, z. B. wenn die Pythia einem geweissagt hat, sich zum Wohle des Staates zu töten, da andernfalls der Stadt Verderben drohte; 2. wenn uns Tyrannen zwingen, unethische Dinge zu tun oder Geheimnisse zu verraten; 3. bei einer langen Krankheit, die die Seele daran hindert, den Körper als Werkzeug zu gebrauchen, muss sie den Körper verlassen; (…) 4. aus Armut; (…) 5. wegen einer Geisteskrankheit: Wie nämlich Trunkenheit ein Gastmahl auflöst, so muss man sich auch im Leben töten, sobald man geistig umnachtet ist: Geisteskrankheit ist das gleiche wie naturbedingte Trunkenheit.« (*Stoicorum Veterum Fragmenta* III 768).

Sklaverei und Freiheit

24. Wie soll man seine Sklaven behandeln? (Sen. ep. mor. 47, 1–6: B)

Im folgenden Brief beschreibt Seneca anschaulich, dass es Sklaven in der Antike nicht immer leicht hatten. Am Beginn lobt er das humane Verhalten des Lucilius gebenüber seinen Sklaven:

Libenter ex iis, qui a te veniunt, cognovi familiariter[1] te cum servis tuis vivere: Hoc prudentiam tuam, hoc eruditionem decet[2].

›Servi sunt.‹ Immo[3] homines. ›Servi sunt‹. Immo[3] contu-
5 bernales[4]. ›Servi sunt.‹ Immo[3] humiles amici. ›Servi sunt.‹ Immo[3] conservi, si cogitaveris tantundem[5] in[6] utrosque[7] licere fortunae.

Itaque rideo istos, qui turpe existimant cum servo suo cenare: Quare, nisi quia | superbissima consuetudo |
10 cenanti domino | turbam stantium servorum | circum-
dedit? *Der Herr isst mehr, als er verträgt, und belastet gierig seinen ausgeleierten Bauch so sehr, dass er alles mit größerer Mühe erbricht, als er es hineingeschaufelt hat.*

At infelicibus servis movere labra[8] ne in hoc[9] quidem, ut
15 loquantur, licet; virgā[10] murmur omne compescitur[11], et ne fortuita[12] quidem verberibus[13] excepta[14] sunt: tussis[15], sternumenta[16], singultus[17]; *wenn die Stille mit irgendeiner Äußerung unterbrochen wird, folgt eine schwere Strafe; die ganze Nacht stehen die Sklaven ohne Essen und ohne*
20 *zu sprechen.*

Sic fit, ut isti de domino loquantur, quibus coram[18] domino loqui non licet. At illi, quibus[19] non tantum coram[18] dominis, sed cum ipsis erat sermo[19], quorum os[20] non consuebatur[21], parati erant pro domino porri-
25 gere cervicem[22], periculum imminens[23] in caput suum avertere[24]; in conviviis loquebantur, sed in tormentis[25]

---

1 familiāriter: freundschaftlich
2 decet + *Akk.*: es passt zu
3 immō: nein, im Gegenteil
4 contubernālis: Mitbewohner (im Haus) – **5 tantundem:** genauso viel – **6 in:** *hier:* gegenüber
7 utrīque: beide (Gruppen, *d. h. Herren und Sklaven*)
8 labrum: Lippe – **9 in hoc:** zu dem Zweck – **10 virga:** Stock
11 compescere: unterdrücken
12 fortuītum: unwillentliches (Geräusch) – **13 verbera,** um (*n. Pl.*): Schläge – **14 excipere, -cipiō, -cēpī, -ceptum** + *Abl.*: ausnehmen von – **15 tussis:** Husten – **16 sternūmentum:** Niesen – **17 singultus:** Schluckauf
18 cōram + *Abl.*: in Gegenwart von – **19 quibus sermō est cum:** die mit … reden dürfen
20 ōs, ōris: Mund – **21 cōnsuere:** zunähen – **22 cervīcem porrigere:** den Nacken hinhalten > sich opfern – **23 imminēns:** drohend
24 āvertere: ablenken
25 tormentum: Folter

AcI, Passiv – familiaris, prudentia, eruditio, fortuna, tamquam

tacebant. Deinde eiusdem arrogantiae proverbium iactatur²⁶: totidem²⁷ hostes esse, quot²⁷ servos; illos non habemus hostes, sed facimus. Interim²⁸ alia crudelia, inhumana praetereo, quod²⁹ <servis> ne tamquam³⁰ hominibus quidem sed tamquam³⁰ iumentis abutimur³¹; cum ad cenandum discubuimus³², alius sputa³³ deterget³⁴, alius reliquias temulentorum³⁵ colligit.

Aber ist nicht der Herr, der dies um seiner Sinnenlust willen veranlasst, elender als der Sklave, der es aus Not ausführen muss?

26 iactāre: oft zitieren
27 totidem … quot: ebenso viele … wie – **28 interim:** zunächst, erst mal – **29 quod:** *hier:* nämlich die Tatsache, dass
30 tamquam: als, wie
31 abūtī + *Abl.:* missbrauchen
32 discumbere, -cumbō, -cubuī: sich aufs Speisesofa legen
33 spūtum: Erbrochenes
34 dētergēre: wegwischen
35 tēmulentus: Betrunkener

1 *Vor der Übersetzung:* Der Brief nimmt v. a. das Geschehen bei einem römischen Gastmahl (*convivium*) zum Anlass, um über die Sklavenfrage zu reflektieren; finden Sie Hinweise darauf in den lateinischen Passagen.
2 Im ersten Absatz verwendet Seneca einen *interlocutor*: Beschreiben Sie seine Rolle und die Funktion für die Briefaussage.
3 Stellen Sie die Aufgaben von Sklaven, die sich aus dem Brief ergeben, zusammen und vergleichen Sie mit den Angaben zur Sklavenarbeit auf S. 60.
4 Erklären Sie die Bedeutung des (dt.) Schlusssatzes im letzten Absatz.
5 Erstellen Sie ein Wörternetz zum Thema »Sklaverei« anhand des Briefes.

S *licet* – ein mehrdeutiges Verb

Seneca verwendet häufig das unpersönliche Verb *licet*, das je nach Kontext unterschiedlich ins Deutsche zu übersetzen ist:
1. »es ist möglich«;
2. »es ist erlaubt, dürfen«;
3. (+ Konj.) »mag auch, selbst wenn«.

Beispiele hierfür:
– *fortunae multum licet* »der Fortuna ist vieles möglich«;
– *servis loqui (non) licet* »den Sklaven ist es (nicht) erlaubt, zu sprechen« oder »die Sklaven dürfen (nicht) sprechen«;
– *licet imperet mundo, tamen beatus non est* »mag er auch die Welt beherrschen, dennoch ist er nicht glücklich«.

25. Sklaverei in der Antike

Seneca beschreibt in seinem 47. Brief die demütigende Behandlung römischer Haussklaven. Allerdings darf man den Brief kaum als historische Quelle für den realen Alltag solcher Sklaven werten, denn Seneca wollte seinen Brief plakativ und dramatisch gestalten. Möglichst jeder Leser sollte bei dem Brief empört sein und für sich denken: »Wie kann man nur so schlecht mit seinen Sklaven umgehen – bei mir wäre so etwas nicht möglich!«

Wege in die Sklaverei

Tatsächlich sah der Alltag antiker Sklaven je nach den Umständen sehr unterschiedlich aus. Zwar rangierten die Unfreien in der antiken Gesellschaft juristisch betrachtet hierarchisch deutlich unter allen Freien. In der Praxis konnten jedoch manche Sklaven deutlich mehr Einfluss und faktischen Wohlstand besitzen als viele frei Geborene. Ähnlich wie es Seneca beschreibt, konnte prinzipiell jeder antike Bürger theoretisch in die Sklaverei geraten: Dies war z. B. möglich, indem man als Kriegsgefangener oder als Opfer von Piraten auf einem Sklavenmarkt verkauft wurde.

Tätigkeiten

Bei der Tätigkeit antiker Sklaven muss man zwischen Land- und Stadtsklaven unterscheiden: Auf dem Lande halfen die Sklaven mit z. T. schwerer körperlicher Arbeit bei der Feldarbeit. Bei den Kleinbauern dürften die Sklaven mehr oder weniger zur Familie gehört haben, bei den Großgrundbesitzern wird körperliche Ausbeutung nicht selten gewesen sein. Die Stadtsklaven verrichteten vielfältige Tätigkeiten in den Haushalten, z. B. als Köche, Reinigungskräfte, Amme bzw. Erzieher(in), Hauslehrer, Bedienung, Gärtner etc.; je mehr Sklaven ein Haushalt sich leisten konnte, umso höher war das Prestige. Daher dürften in manchen Haushalten die vielen Sklaven nicht unbedingt viel zu tun gehabt haben. Viele

Antike Sklaven bereiten ein Mahl (Mosaik: Karthago 2. Jh. n. Chr., © Ullsteinbild)

Sklaven hatten darüber hinaus sehr vertrauenswürdige Tätigkeiten und arbeiteten als Sekretär und Vermögensverwalter für ihre Herren (z. B. auch am Kaiserhof). Speziell zu ihnen unterhielten die Herren in der Regel ein freundschaftliches Verhältnis – das gilt auch für die Ammen und Erzieher(innen).

Schließlich gab es Sklaven, die in öffentlichem Auftrag beim Straßenbau oder in Bergwerken eingesetzt wurden. Die Bergwerksklaven waren Schwerverbrecher oder Kriegsgefangene und hatten nur eine niedrige Lebenserwartung. Unfreie waren auch in der Regel die Gladiatoren, die professionell für bestimmte Gladiatorenschulen arbeiteten und in den Amphitheatern auftraten. Sie hatten zwar einen risikoreichen Beruf, wurden aber medizinisch gut versorgt und konnten durch ihre Tätigkeit reich werden. Manche Gladiatoren erreichten durchaus das 60. Lebensjahr. Gute Berufsgladiatoren waren bewunderte Stars ähnlich wie heute Spitzensportler.

Rechtliches

Rechtlich waren die Sklaven als »Sachen« (lat. *res*) Eigentum ihrer Herren. Doch seit der Kaiserzeit verbesserte sich die rechtliche Lage der Sklaven: Sie durften nicht einfach grundlos von ihren Herren misshandelt oder gar getötet werden. Zudem waren die Herren prinzipiell verpflichtet, auf ihre Kosten für den Unterhalt (Kleidung, Ernährung, gesundheitliche Versorgung, Wohnen) zu sorgen; insofern standen sich Sklaven bei verantwortungsvollen Herren besser als viele Freie oder Freigelassene. Da Sklaven in der Anschaffung recht teuer waren, hatten Herren in der Regel kein Interesse an der Misshandlung oder gar Tötung ihrer Sklaven; zumal in kleineren, weniger wohlhabenden Haushalten dürften Sklaven so ähnlich gelebt haben wie feste Hausangestellte in der Neuzeit. Eine rechtsgültige Ehe konnten Sklaven nicht eingehen, sodass sie auch keine erbberechtigten Nachkommen besaßen. Im Einverständnis mit ihrem Herrn durften sie aber eine Lebenspartnerschaft *(contubernium)* eingehen und natürlich Kinder zeugen.

Antikes Christentum und Sklaverei

In den Evangelien finden sich keine Äußerungen Jesu zur Frage der Sklaverei. In den Briefen des Apostels Paulus gibt es allerdings einige Stellungnahmen, in denen Paulus die Sklaven dazu aufruft, ihren Herren zu gehorchen und die ihnen von Gott bestimmte gesellschaftliche Stellung zu akzeptieren. Die Abschaffung der Sklaverei wird weder im Neuen Testament noch bei den Kirchenvätern gefordert. Die Gründe hierfür: Erstens war die gesellschaftliche Stellung (Sklave, frei) für das Seelenheil irrelevant; im Gegenteil konnten Sklaven durch ihr geduldig ertragenes Schicksal noch zu ihrem Seelenheil positiv beitragen. Zweitens hielt man die Unterscheidung der antiken Gesellschaft zwischen frei und unfrei im Rahmen von Gottes Allmacht für gottgegeben.

26. Sklaven sind auch Menschen (Sen. ep. mor. 47, 10–13: C)

Im Weiteren legt Seneca dar, dass das Schicksal jeden zum Sklaven machen kann.

Vis¹ tu cogitare istum,
quem servum tuum vocas,
ex isdem seminibus² ortum
eodem frui caelo,
5 aeque spirare³, aeque vivere, aeque mori!
Tam tu illum videre ingenuum⁴ potes quam ille te servum.
Variana clade⁵ multos splendidissime⁶ natos, senatorium per militiam auspicantes⁷ gradum, fortuna depressit:
10 Alium ex illis pastorem, alium custodem casae fecit. Contemne⁸ nunc eius fortunae hominem, in quam transire, dum contemnis, potes.
Nolo in ingentem me locum⁹ immittere et de usu¹⁰ servorum disputare, in quos superbissimi, crudelissimi,
15 contumeliosissimi sumus. Haec tamen praecepti¹¹ mei summa¹² est: sic cum inferiore¹³ vivas, quemadmodum tecum superiorem¹⁴ velis vivere. Quotiens in mentem venerit, quantum tibi in servum tuum liceat, veniat in mentem tantundem¹⁵ in te domino tuo licere.
20 ›At ego‹ inquis ›nullum habeo dominum.‹ Bona aetas est: forsitan habebis. Nescis, qua aetate Hecuba¹⁶ servire coeperit, qua Croesus¹⁷, qua Darei mater¹⁸, qua Platon¹⁹, qua Diogenes²⁰? Vive cum servo clementer, comiter²¹ quoque, et in sermonem illum admitte et in consilium
25 et in convictum.
Hoc loco acclamabit mihi tota manus delicatorum²²: ›Nihil hac re humilius, nihil turpius‹. Hos ego eosdem deprehendam²³ manum alienorum servorum osculantes.

1 vīs (< velle) + Inf.: drückt hier eine höfliche Aufforderung aus
2 sēmen, -inis: (göttlicher) Same, mit dem die Menschen Anteil am Weltgeist haben – **3** spīrāre: atmen – **4** ingenuum: frei geboren
5 Vāriāna clādēs: die vernichtende Niederlage des Varus 9 n. Chr. gegen den Cherusker Arminius
6 splendidissimē: hier: aus glänzender Familie (stammend)
7 auspicārī: sich erhoffen
8 contemne: hier ironisch: verachte du nur
9 ingēns locus: unerschöpfliches Thema – **10** ūsus: hier: Behandlung – **11** praeceptum: Lehre – **12** summa: wichtigster Punkt, Zusammenfassung
13 īnferior: Untergebener
14 superior: Vorgesetzter
15 tantundem: genauso viel
16 Hecuba: Ehefrau des Priamos, wurde nach Trojas Fall Sklavin
17 Croesus: reicher lydischer König, der im 6. Jh. v. Chr. Gefangener des Perserkönigs Kyros wurde – **18** Darēī māter = Sisygambis: wurde Gefangene von Alexander d. Gr. nach der Schlacht von Issos (333 v. Chr.) – **19** Platōn: kam einmal auf den Sklavenmarkt (Genaueres nicht bekannt)
20 Diogenēs: kynischer Philosoph (4. Jh. v. Chr.), der als Sklave verkauft wurde – **21** cōmiter: freundlich – **22** dēlicātus: verwöhnter Luxusmensch
23 dēprehendere: ertappen

Konj. im HS, Steigerung, Abl. compar., Fut. I + II – velle, idem, aequus, tam … quam, nolle

1 Beschreiben Sie Sprache und Stil des Textes.
2 Der Text enthält einige kalenderspruchartige Sentenzen: Stellen Sie diese zusammen und bewerten Sie deren Tauglichkeit für Ihr Leben.
3 Der Text enthält eine ganze Reihe von Beispielen *(exempla):* Erläutern Sie jeweils deren Funktion für den Textzusammenhang.
4 Weisen Sie im Text stoisches Gedankengut nach.

K Der lydische König Kroisos als Exemplum für die Macht der Fortuna

Häufig wird in der antiken Literatur das Schicksal des lydischen Königs Kroisos (lat. *Croesus*) zitiert, um dem Leser die Bedrohlichkeit des Schicksals deutlich zu machen. Kroisos gründete im 6. Jh. v. Chr. ein Reich im westlichen Kleinasien. Das Delphische Orakel soll ihm geweissagt haben, dass er ein großes Reich zerstören werde, wenn er den Fluss Halys überschreite – dass dies sein eigenes Reich sein werde, erkannte Kroisos nicht. Er griff die Perser an, wurde besiegt und sollte auf einem Scheiterhaufen getötet werden. Doch der Gott Apollon soll Kroisos durch einen plötzlichen Regenguss vor dem Tod gerettet haben, indem er das Feuer löschte.

Kroisos auf dem Scheiterhaufen
(Amphora des Myson: 5. Jh. v. Chr.;
Louvre Paris, © Wikimedia Commons)

S Der lateinische Konjunktiv im Hauptsatz

Bedingt durch den Briefstil finden sich bei Seneca immer wieder Konjunktivformen im Hauptsatz. Sie lassen sich dann meist zwei Grundfunktionen zuordnen: 1. Potentialis oder Irrealis; 2. im weitesten Sinne eine Aufforderung – entweder an den Sprecher selbst (Adhortativ) oder an eine andere Person (Iussiv):
1. *hoc dixerim vitium* »das würde ich als einen Fehler bezeichnen« (Konj. Pf.: Potentialis);
2. *sic vivas* »so sollst du leben«; *hoc tibi veniat in mentem* »daran solltest du denken«; *servi te colant* »die Sklaven sollen dich verehren«; *sic vitam componamus* »so wollen wir unser Leben einrichten«.

27. Was ist ein Sklave? (Sen. ep. mor. 47, 16–20: B)

Am Schluss seines Briefes geht Seneca unter anderem auf die Frage ein, was eigentlich ein ›Sklave‹ ist und ob man die Sklaven nicht freilassen sollte.

Stultissimus est, qui hominem aut ex veste aut ex condicione, quae vestis modo[1] nobis circumdata est, aestimat. ›Servus est.‹ Sed fortasse liber animo. ›Servus est.‹ Hoc illi nocebit? Ostende, quis non sit: Alius libidini ser-
5 vit, alius avaritiae, alius ambitioni, omnes spei, omnes timori. Dabo[2] consularem[3] aniculae[4] servientem, dabo ancillulae[5] divitem, ostendam nobilissimos iuvenes mancipia[6] pantomimorum[7]. Nulla servitus turpior est quam voluntaria. Quare non est, quod[8] fastidiosi isti te
10 deterreant[9], quominus servis tuis hilarem te praestes[10] et non superbe superiorem[11]: colant potius te, quam timeant.

Dicet aliquis nunc me vocare ad pilleum[12] servos et dominos de fastigio[13] suo deicere, quod dixi: ›colant
15 potius dominum, quam timeant‹. ›Ita‹ inquit ›prorsus[14]? colant tamquam clientes, tamquam salutatores[15]?‹ Hoc qui dixerit, obliviscetur id dominis parum non esse, quod deo sat est. Qui colitur, et amatur: non potest amor cum timore misceri.

20 Rectissime ergo facere te iudico, quod timeri a servis tuis non vis, quod verborum castigatione uteris: verberibus[16] muta[17] admonentur. *Unsere verwöhnte Lebensart macht uns oft aggressiv: Sobald etwas nicht klappt, werden wir wütend.* Regum nobis induimus animos[18]; nam
25 illi quoque obliti[19] et suarum virium[20] et imbecillitatis alienae sic excandescunt[21], sic saeviunt[22], quasi iniuriam acceperint; ab[23] hoc periculo illos fortunae suae magnitudo tutissimos[23] praestat[24]. Nec hoc ignorant, sed occa-

1 modō + *Gen.:* in der Art von, wie
2 dare: *hier:* als Beispiel anführen
3 cōnsulāris: ehemaliger Konsul
4 anicula: unbedeutende alte Frau – **5 ancillula:** kleine junge Sklavin – **6 mancipium:** Sklave
7 pantomīmus: Tänzer – **8 nōn est quod** + *Konj.:* es besteht kein Grund, dass – **9 dēterrēre quōminus:** davon abschrecken, dass – **10 sē praestāre** + *Akk.:* sich erweisen/zeigen als – **11 superior:** überlegen, von oben herab
12 pilleus: Filzkappe *(als Zeichen des Freigelassenen);* ad pilleum vocāre bedeutet also »freilassen wollen« – **13 fastīgium:** hohe Stellung – **14 prōrsus:** wirklich
15 salūtātor: jemand, der zur *salutatio* erscheint, um sich einzuschmeicheln (bei einer *salutatio* empfing morgens der Patron seine Klienten, hörte sich ihre Anliegen an und verteilte Geschenke)

16 verbera, -um: Schläge
17 mūtum: (stummes) Tier

18 animī: *hier:* Einstellung, Wesensart – **19 oblīvīscī, oblīvīscor, oblītus sum** + *Gen.:* vergessen – **20 vīrium** < vīs
21 excandēscere: aufbrausen
22 saevīre: toben, rasen – **23 tūtus ab:** sicher vor – **24 praestāre** + *Adj.:* machen

```
  sionem nocendi captant querendo; acceperunt iniuriam,
30 ut facerent.
```

1 Beschreiben Sie die stilistische Gestaltung des Textes.
2 Suchen Sie die sentenzhaften Ausdrücke aus dem Text heraus, die man auch als »Kalendersprüche« verwenden könnte: Träfen sie auch heute noch zu?
3 Der gesamte Brief 47 ist an vielen Stellen sehr persönlich gehalten und adressiert Lucilius direkt, obwohl es doch eigentlich um die allgemeine Frage der Humanität gegenüber Sklaven geht: Suchen Sie diese Textstellen heraus und erklären Sie deren Funktion für die Gesamtaussage des Briefes.
4 Auch heute machen sich viele Menschen zu »Sklaven« bestimmter Vorlieben oder Menschen: Finden Sie Beispiele hierfür.
5 *Für Experten:* Seneca spricht sich explizit *nicht* für die generelle Freilassung aus (3. Absatz): Erklären Sie diese vielleicht für uns überraschende Haltung aus der stoischen Güterlehre heraus.

S Futur I und II in Senecas Briefen

Seneca verwendet in seinen Briefen auffällig häufig das Futur, und zwar sowohl das Futur I als auch II. Das Futur I taucht v. a. in Anreden an den Leser oder in allgemeingültigen Aussagen sowie relativ sicheren Vermutungen auf. Dieser (im klassischen Latein Ciceros noch nicht häufige) Gebrauch des Futurs entspricht ziemlich genau dem Deutschen:

dicet aliquis ... »jetzt wird (sicher) jemand sagen ...«; *interrogabis fortasse* »du wirst vielleicht fragen«; *sic fiet, ut minus pendeas* »so wird es (dann sicher) geschehen, dass du weniger abhängig bist«.

In ganzen Satzperioden taucht in diesem Zusammenhang dann häufig das Futur II in den Nebensätzen auf; dies lässt sich je nach Zusammenhang im Deutschen am besten als Präsens oder Perfekt übersetzen:

si specus montem suspenderit, te percutiet »wenn eine Höhle einen Berg über sich schweben lässt, wird es dich erschüttern«; *sic componetur, si liberos habere desierit* »so wird er sich fühlen, wenn er seine Kinder verloren hat«.

Bezüglich ihrer Bedeutung lassen sich solche futurischen Sätze nicht immer leicht vom Potentialis im klassischen Latein unterscheiden. Die Formen des Futur II und des (für den Potentialis typischen) Konj. Pf. fallen ohnehin außer in der 1. Pers. Sg. zusammen, was diese sprachliche Entwicklung bei Seneca noch erleichtert haben dürfte.

Weisheit und Bildung

28. Wert und Unwert der Schulbildung (Sen. ep. mor. 88, 1–4; 19–20; 32: B)

Von einem Philosophen wie Seneca, dessen Werke heute gängiger Schulstoff sind, würde man ein klares Bekenntnis zur Bildung erwarten. Tatsächlich übt Seneca jedoch heftige Kritik an den antiken Schulfächern und überhaupt an dem, was man in der Antike als »Allgemeinbildung« bezeichnete:

Quid de liberalibus studiis[1] sentiam, scire desideras: Nullum suspicio[2], nullum in bonis numero, quod ad aes exit[3]. Meritoria artificia[4] sunt, hactenus utilia, si praeparant ingenium, non detinent. Tamdiu enim istis immo-
5 randum est, quamdiu nihil animus agere maius potest; rudimenta[5] sunt nostra, non opera[6].

Quare ›liberalia studia‹ dicta sint, vides: quia homine libero digna sunt. Ceterum[7] unum studium vere liberale est, quod liberum facit, hoc est <studium> sapientiae
10 sublime[8], forte, magnanimum; cetera pusilla[9] et puerilia sunt. An[10] tu quicquam boni in istis esse credis, quorum professores turpissimos omnium ac flagitiosissimos[11] cernis? Non discere debemus ista, sed didicisse.

Quidam illud de liberalibus studiis[1] quaerendum <esse>
15 iudicaverunt, an[12] virum bonum facerent: Ne promittunt quidem nec huius rei scientiam affectant[13]. Grammatice[14] circa curam sermonis[15] versatur[16] et circa historias et circa carmina. Quid horum ad virtutem viam sternit[17]? Syllabarum[18] enarratio et verborum diligentia[19]
20 et fabularum memoria[20] et versuum lex[21] – quid ex his metum demit, cupiditatem eximit, libidinem frenat? Ad geometriam transeamus et ad musicen[22]: Nihil apud illas invenies, quod vetet timere, vetet cupere. Quae quisquis ignorat, alia frustra scit. (…)

1 līberālia studia = artēs līberālēs, *d. h. der antike Kanon der Schulfächer (s. u.)*
2 suspicere: achten – **3 ad aes exīre:** aufs Geld abzielen *(die antike Schule war kostenpflichtig und gewinnorientiert)*
4 meritōrium artificium: Bezahl-Fach, kostenpflichtiger Kurs
5 rudīmentum: Vorbildung
6 opus: *hier:* echte, höhere Leistung – **7 cēterum:** *bei Seneca oft:* aber – **8 sublīmis:** erhaben
9 pusillus: kleingeistig – **10 an:** oder etwa? – **11 flāgitiōsus:** verkommen, schimpflich

12 an: ob – **13 affectāre:** anstreben, beanspruchen – **14 grammaticē** *(Nom. Sg.!):* Literatur- und Grammatikunterricht
15 sermō: Sprache, richtiger Sprachgebrauch – **16 versārī circā:** sich beschäftigen mit – **17 sternere:** bereiten – **18 syllaba:** Silbe *(in der Antike lernte man Schreiben u. a. durch das Auswendiglernen von Silben)* – **19 verbōrum dīligentia:** Genauigkeit im Wortgebrauch
20 memoria: Auswendiglernen
21 versuum lēx: Versbau
22 mūsicēn *Akk. zu* mūsicē: Musikunterricht

25 Sed nec hae <artes> docent aluntve²³ virtutem! Quare ergo liberalibus studiis¹ filios erudimus? Non quia virtutem dare possunt, sed quia animum ad accipiendam virtutem praeparant. Quemadmodum prima illa litteratura²⁴, per quam pueris elementa²⁵ traduntur, non docet
30 liberales artes, sed mox percipiendis locum parat, sic liberales artes non perducunt animum ad virtutem, sed expediunt²⁶. (…)
Potest quidem sine liberalibus studiis veniri ad sapientiam; quamvis²⁷ enim virtus discenda sit, tamen non per
35 haec²⁸ discitur.

23 alere: fördern, weiterentwickeln – **24 litterātūra:** Buchstaben(lernen) – **25 elementum:** Basiskenntnis – **26 expedīre:** vorbereiten

27 quamvīs + *Konj.*: selbst wenn (… sein sollte) – **28 haec** = studia liberālia

1 Vor der Übersetzung: Informieren Sie sich über die *artes liberales* (s. u. S. 68) und suchen Sie Hinweise auf diese im Text.
2 Vergleichen Sie den antiken Fächerkanon mit den heutigen Schulfächern.
3 Erläutern Sie Senecas Gründe für die Kritik an den antiken Schulfächern.
4 Erörtern Sie, ob Senecas Kritik auch auf den heutigen Schulbetrieb anwendbar wäre; erarbeiten Sie auch ein Konzept, was für Sie zu einer sinnvollen Allgemeinbildung gehört.

K Der antike Schulbetrieb

In der griechischen und römischen Antike war das Schulwesen weitgehend privat organisiert: Jeder konnte im Prinzip eine »Schule« eröffnen oder zu Hause Schüler gegen Bezahlung unterrichten. Diese »Schulen« waren also Wirtschaftsbetriebe und die Schüler bzw. deren Eltern die zahlende Kundschaft. Der Beruf des Elementarlehrers (*magister ludi*), der den Kindern (ab ca. 6 Jahren) Lesen und Schreiben sowie etwas Rechnen beibrachte, war wenig angesehen und schlecht bezahlt. Etwas angesehener war der Grammatiklehrer (*grammaticus*) für die älteren Schüler (ab ca. 10 Jahren), der auch Literatur- und Geschichtskenntnisse vermittelte. Am meisten Prestige hatten die gut bezahlten Rhetoriklehrer (*rhetores*), bei denen die jungen Männer (ab ca. 16 Jahren) eine fundierte und für die Tätigkeit als Politiker und Anwalt notwendige Ausbildung in Rhetorik sowie oft auch in Rechtswesen und Philosophie erhielten. Für junge Frauen war dieser Bildungsgang in der Antike verschlossen.

29. Antike Bildungskonzepte und die *artes liberales*

Antiker Fächerkanon

Trotz des eher privaten Charakters der antiken Bildungsinstitutionen existierte doch schon ein aus dem griechischen Kulturraum übernommener Fächerkanon: Im Griechischen nannte man dies die *enkýklios paideía* (etwa »umfassende Allgemeinbildung«), im Lateinischen meist die *liberalia studia* oder auch *artes liberales*. Es scheint schon früh einen relativ festen Kern dieser Fächer gegeben zu haben, auch wenn erst seit der Spätantike die sogenannten »Sieben Freien Künste« als feststehender Kanon bezeugt sind:

Grammatik Rhetorik Dialektik	Trivium: drei sprachliche Fächer
Arithmetik Geometrie Musik Astronomie	Quadrivium: vier mathematische Fächer

Man könnte die *artes liberales* auch den – modern gesprochen – eher geisteswissenschaftlichen und den eher naturwissenschaftlichen Fächern zuweisen. Je nach Autor variierte der Kanon etwas, so gehörten z. T. auch die Medizin oder die Architektur zum Kanon dazu.

Die ersten drei Fächer galten als Grundbildung (daher »trivial«), die entsprechend in den Grammatik- und Rhetorikschulen als verbindlich vermittelt wurden, während die Fächer des Quadriviums eher eine Spezialisierung darstellten, die z. T. auch je nach Schule und Vorbildung der Lehrer in unterschiedlicher Weise unterrichtet wurden. Der Grammatikunterricht umfasste als Sprachunterricht nicht nur Grammatikregeln, sondern allgemein das Schreiben, Lesen und die grundlegende Interpretation von literarischen Texten – entsprach also dem heutigen Deutschunterricht. Im Fach Rhetorik lernte man tatsächlich auch ganz praktisch, Reden zu schreiben, wozu z. B. die entsprechenden Stilmittel vermittelt wurden. Die Dialektik umfasste die Fähigkeit zum richtigen Argumentieren, was nicht nur für Reden, sondern auch für die Philosophie wichtig war.

Antike und moderne Schulfächer im Vergleich

Vergleicht man diesen Fächerkanon mit den heutigen Schulfächern, so lassen sich große Unterschiede feststellen – im Grunde hat das heutige Fächersystem kaum etwas mit dem antiken Fächerkanon zu tun. So fehlten in der Antike eigene Schulfächer für Geschichte, Sport, Religion, Kunst oder auch die »echten« Naturwissenschaften Physik und Chemie. Auch die Fremdsprachen scheinen keinen eigenen Stellenwert gehabt zu haben. Allerdings waren manche dieser Fächer in die *artes liberales* integriert: So lernten die römischen Schüler mit lateinischer Muttersprache von Anfang an auch Griechisch, ohne dass dies als eigenes Fach ausgewiesen war. Die griechischen Schüler lernten ursprünglich keine Fremdsprachen, später in der Kaiserzeit aber oft Latein (in der Rhetorenschule), um die notwendigen Sprachkenntnisse für eine Ämterlaufbahn im römischen Staat zu erwerben.

Geschichte war wohl Teil des Grammatik- und Rhetorikunterrichts; doch erwarben die Schüler nicht wie heute systematische historische Kenntnisse, sondern lernten viele mehr oder weniger unterhaltsame Geschichten und Exempla aus vergangenen Zeiten auswendig oder lasen natürlich auch die antiken Geschichtsschreiber als Teil des Literaturunterrichts.

Übrigens waren die aus der Antike stammenden Sieben Freien Künste auch noch im Mittelalter und der Frühen Neuzeit überall in Europa als Fächerkanon im Schulwesen gültig. Erst mit den großen Schulreformen um 1800 wurden sie durch die heutigen Schulfächer ersetzt; die naturwissenschaftlichen Fächer etablierten sich allerdings erst relativ spät im 19. Jahrhundert.

Praxisrelevanz der *artes liberales*
Senecas Kritik am Fächerkanon mag aus stoisch-philosophischer Perspektive berechtigt gewesen sein; seinen 106. Brief schließt er sogar mit den verbitterten Worten: *non vitae sed scholae discimus* »nicht für das (echte) Leben, sondern nur für die Schule müssen wir lernen«. Auch andere Autoren der Kaiserzeit kritisierten die zunehmende Künstlichkeit und Lebensferne vieler Bildungsinhalte v. a. der Rhetorenschulen.

Dennoch waren die *artes liberales* ursprünglich durchaus praxisrelevant für die gebildete Elite: Sprachrichtigkeit, sicheres Auftreten gepaart mit hoher rhetorischer Kompetenz und breite Allgemeinbildung bewiesen in der Antike die Zugehörigkeit zur Bildungselite und garantierten damit gesellschaftliche Akzeptanz. Zudem benötigte die Nobilität im Römischen Reich für ihre Tätigkeit in Politik und Verwaltung viele der in den Rhetoren- und Juristenschulen vermittelten Kenntnisse auch ganz praktisch.

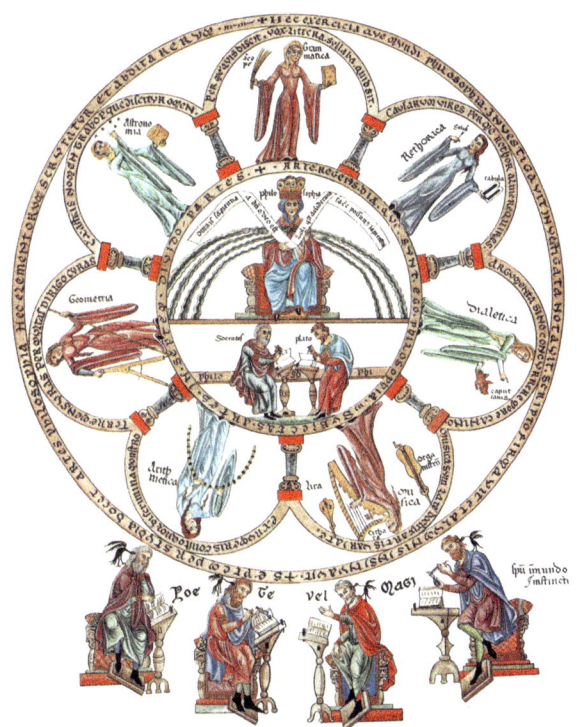

artes liberales mit der Philosophie im Zentrum, 12. Jh.
(Foto: © Wikimedia Commons)

Lernwortschatz

1. Einstieg

quīdam, quaedam, quoddam (*Gen.* cuiusdam, *Dat.* cuidam)	ein (bestimmter), ein gewisser; *Pl.*: einige
turpis, e	schändlich
neglegentia	Unachtsamkeit
tōtus, a, um (*Gen.* tōtīus, *Dat.* tōtī)	ganz
5 attendere, -tendō, -tendī, -tentum	achtgeben
quidquid	alles was; was auch immer
pendēre ex, pendō, pepēndī	abhängen von
tantum	1. nur 2. soviel
quīcumque	wer auch immer; jeder der
10 fortasse	vielleicht
fatērī, fateor, fassus sum	gestehen, zugeben
ingenuus	frei; aufrichtig, ehrlich
satis	genug
māiōrēs, um	Vorfahren
15 mālle, mālō, māluī (*+ Konj.*)	lieber wollen, dass

4. Wahre Freundschaft

pertinēre ad, -tineō, -tinuī, -tentum	betreffen
solēre, soleō, solitus sum + *Inf.*	pflegen zu; etw. gewöhnlich tun
nē … quidem	nicht einmal
negāre	leugnen, sagen dass nicht
5 exīstimāre	glauben; + *dopp. Akk:* halten für
vērō	aber, jedoch
dēlīberāre	überlegen
prius	vorher
iūdicāre	beurteilen
10 diū	lange
nihil nisī	nichts außer; nur
cōnsuētūdō, -tūdinis *f.*	Gewohnheit
cōram + *Abl.*	in Anwesenheit von
rursus	wiederum
15 neuter, neutra, neutrum (*Gen.* neutrīus; *Dat.* neutrī)	keiner von beiden
uterque, utraque, utrumque (*Gen.* utrīusque; *Dat.* utrīque)	beides
vitium	Fehler, Laster
tūtus, a, um	sicher

6. Philosophie ist nützlich

liquēre, liquet	klar sein; es ist klar
beātus, a, um	glückselig
studium + *Gen.*	Bemühen um, Beschäftigung mit
efficere, -ficiō, -fēcī, -fectum	bewirken, erreichen
5 cēterum *(bei Seneca)*	aber, sondern; jedoch
custōdīre	bewahren, festhalten an
honestus, a, um	ehrenvoll, sittlich gut
dōnec	bis; solange
bona mēns, mentis *f.*	richtige innere Einstellung
10 utrum … an	ob … oder
prōficere, -ficiō, -fēcī, -fectum	Fortschritte machen
adhibēre, -hibeō, -hibuī, -hibitum	anwenden
in hoc ut + *Konj.*	zu dem Zweck, dass
dēmere, dēmō, dēmpsī, dēmptum	fortnehmen
15 cōnsilium	Überlegung; Plan
exigere, -igō, -ēgī, -āctum	(er)fordern
prōdesse, prōdest, prōfuit	nützen
permittere, -mittō, -mīsī, -missum	erlauben, überlassen
dispōnere, -pōnō, -posuī, -positum	(an)ordnen, lenken

8. Vernunft als Proprium

quīcumque, quaecumque, quodcumque	jeder der; wer auch immer
n. Pl.: quaecumque	alles was; was auch immer
quaerere (ex aliquō), quaerō, quaesīvī, quaesītum	jemanden fragen
quaerere aliquem/aliquid	jemand/etwas suchen
nāscī, nāscor, nātus sum *(+ Dat.)*	geboren werden (für, zu)
5 proprius, a, um	eigen(tümlich)
fēlīcitās, -tātis *f.*	Glück
perficere, -ficiō, -fēcī, -fectum	vollenden, vollkommen machen
bonum *Subst.*	das/ein Gut

9. Vernunft und *vita beata*

dubitāre an	zweifeln ob
sī quis, sī quid	wenn jemand, wenn etwas
valētūdō, -tūdinis *f.*	Gesundheit
improbāre	kritisieren
5 probāre	anerkennen, billigen; beweisen

quisque, quidque (*Gen.* cuiusque, *Dat.* cuique)	jeder, jedes
(nihil) ad rem pertinet	es spielt (k)eine Rolle
ideō	daher, deswegen

11. Römische *religio*

caelum	Himmel
prope	in der Nähe
sacer, sacra, sacrum	heilig
custōs, custōdis	Wächter(in)
5 tractāre	behandeln
an?	oder etwa?
cōnsilium	Rat(schlag); Überlegung, Plan
ūnusquisque	ein jeder
animus	Seele, Geist; Gemüt
10 subitus, a, um	plötzlich
colere, colō, coluī, cultum	verehren
cupiditās, -tātis *f.*	Begierde
adversum, *Pl.* adversa	Unglück
placidus, a, um	ruhig

12. Göttlicher Geist

dīvīnus, a, um	göttlich
optāre	wünschen
rīdēre, rīdeō, rīsī, rīsum	(ver)lachen
caelestis, e	himmlisch
5 tantus, a, um	so groß
nūmen, nūminis *n.*	göttliche Kraft, göttlicher Wille
quidem … sed	zwar … aber
orīgō, orīginis *f.*	Ursprung
interesse, -sum, -fuī + *Dat.*	dabei sein, sich interessieren für
10 ratiōnālis, e	vernünftig, vernunftbegabt

14. Richtige Götterverehrung

prohibēre, -hibeō -hibuī, -hibitum	(ver)hindern, verbieten
vetāre, vetō, vetuī, vetitum	verbieten
ambitiō, -tiōnis *f.*	Ehrgeiz
ubīque	überall
5 sacrificium	Opfer
procul	weit, fern

nocēre, noceō, nocuī	schaden
cultus, -ūs *m.* + *Gen.*	Kult, Verehrung für
mundus, -ī *m.*	Welt
10 poena	Strafe
pūnīre	bestrafen
imitārī	nachahmen
quisquis; quidquid	jeder der; alles was; wer auch immer; was auch immer

15. Vernunft und glückseliges Leben

servīre + *Dat.*	dienen
convenit inter	es besteht Übereinstimmung zwischen
servāre	bewahren, beachten
summus, a, um	der/die/das Höchste
5 ūllus, a, um (*Gen.* ūllīus, *Dat.* ūllī)	irgendein, irgendetwas
aliter	anders
sēcūritās, -tātis *f.*	Sicherheit
perpetuus, a, um	andauernd, immerwährend
pervenīre ad, -veniō, -vēnī, -ventum	gelangen zu/nach
10 umquam	jemals
decet, decuit + *Akk.*	es passt zu, es gehört sich für
dēsīderāre	sich wünschen, verlangen, vermissen

16. Äußere Güter

crēdere + *dopp. Akk.*	halten für
quisquam, quidquam (*Gen.* cuiusquam, *Dat.* cuiquam)	irgendjemand, irgendein
orīrī, orior, ortus sum	entstehen, auftreten; stammen (von)
ūsuī esse	von Nutzen sein
5 (sī …) ita	(wenn …), dann; in dem Falle
tribuere, tribuō, tribuī, tribūtum	zuteilen
vertere, vertō, vertī, versum	(um)wenden
dūrus, a, um	hart, beschwerlich
grātus (*Adv.* grātē)	dankbar
10 tamquam	als ob, (gleich)wie
sollicitus, a, um	besorgt

18. Abwehr der Affekte

affectus, ūs m.	Affekt, starke Gemütsaufwallung
concitāre	anstacheln, aufreizen
exclūdere, -clūdō, -clūsī, -clūsum	ausschließen, fernhalten
vitium	(moralischer) Fehler, Laster
5 grātus, a, um	angenehm, dankbar
lūxuria	Prunksucht, Überfluss
dolēre, doleō, doluī	Schmerz empfinden, trauern
longē	weit(hin)
adulēscentulus	junger Mann
10 committere, -mittō, -mīsī, -missum	zulassen; anvertrauen
incidere in, -cidō, -cidī	hineingeraten
cōnscius + *Gen.*	(einer Sache) bewusst
parum	zu wenig

19. Kritik an der Affektenlehre

praecepta, -ōrum	(philosophische) Lehre
iubēre, iubeō, iussī, iussum + *AcI*	auffordern, inständig bitten
prūdēns, -ntis	klug
temperāns, -ntis	gemäßigt
5 cōnstāns, -ntis	beständig
trīstitia	Traurigkeit
interpretārī	deuten, interpretieren, erklären
rārō	selten
perturbāre	erschüttern
10 nimius, a, um	zu viel, zu groß
-ve	oder
maeror, -ōris *m.*	Trauer
tangere, tangō, tetigī, tāctum	berühren; erreichen
imbēcillus, a, um	schwach
15 sānus, a, um	gesund
morbus, -ī *m.*	Krankheit
impedīre	(be)hindern, stören
praesertim cum	zumal da
modicus, a, um	mäßig, maßvoll
20 īrācundia	Zorn
libīdō, -dinis *f.*	Wollust, Begierde

20. Das göttliche Schicksal

prōvidentia	Vorsehung
accidere, -cidit, -cidit	(es) geschieht
ūniversa, -ōrum	Kosmos, das All
supervacuus, a, um	überflüssig
5 ostendere, -tendō, -tendī, -tentum	zeigen
sīdus, -eris *n.*	Stern, Gestirn
temere	zufallsbedingt; aufs Geratewohl
pondus, -eris *n.*	Gewicht
adversus + *Akk.*	gegenüber, zu
10 differre, -ferō, distulī, dīlātum	sich unterscheiden
parēns, -ntis	Vater, Mutter; Schöpfer
experīrī, -perior, -pertus sum	ausprobieren, auf die Probe stellen

21. Leiden als Training für die *virtus*

miscēre, misceō, miscuī, mixtum	mischen
quiētus, a, um	ruhig
labor, -ōris *m.*	Mühe, Anstrengung
ōtium	Muße, Nichtstun
5 certāmen, -minis *n.*	(Wett)Kampf
praeparāre	vorbereiten
vexāre	quälen
adversārius	Gegner
licet + *Konj.*	mag auch; selbst wenn
10 querī, queror, questus sum	(sich) beklagen
interest, interfuit	es ist wichtig, von Belang

22. Tod und Leben

hōc animō	mit dieser Gesinnung/Einstellung
parātus, a, um	bereit
nimis	zu (sehr)
fruī + *Abl.*, fruor, fructus sum	genießen
5 cūrāre ut + *Konj.*	sich darum kümmern/bemühen dass/zu
invītus, a, um	unfreiwillig, gegen den Willen
servitūs, -tūtis *f.*	Sklaverei
imprīmīs	vor allem, besonders
avidus, a, um	begierig

23. Darf man sich selbst töten?

retinēre, -tineō, -tinuī, -tentum	festhalten an
quantum	soviel wie
trānquillitās, -tātis *f.*	(Seelen-)Ruhe
cum prīmum	sobald
5 citō	schnell
ut + *Konj.*	1. dass, damit 2. selbst wenn
pretium	Preis
occīdere, -cīdō, -cīdī, -cīsum	töten
cōnsīderāre	überlegen

24. Wie soll man seine Sklaven behandeln?

familiāris, e	vertraut; freundschaftlich
ērudītiō, -tiōnis *f.*	Bildung
sermō, -ōnis *m.*	Gespräch
ōs, ōris *n.*	Mund
5 tacēre	schweigen
prōverbium	Sprichwort
tot … quot	so viele … wie
praeterīre, -eō, -iī, -itum	übergehen, weglassen; vorübergehen

26. Sklaven sind auch Menschen

vocāre + *dopp. Akk.*	nennen
aequus, a, um	gleich
contemnere, -temnō, -tempsī, -temptum	verachten
quotiens	wie oft; so oft wie, immer wenn
5 aetās, -tātis *f.*	Zeit(alter); Alter
clēmēns, -ntis	milde
humilis, e	niedrig, wertlos, nichtig

27. Was ist ein Sklave?

condiciō, -iōnis *f.*	Bedingung, Umstand; Position
exīstimāre ex	beurteilen nach
avāritia	Raffgier; Geiz
dīves, dīvitis	reich
5 sē praestāre, -stō, -stitī	sich erweisen/darbieten (als)
potius	eher, lieber
iniūria	Unrecht

28. Wert und Unwert der Schulbildung

	līberālia studia = artēs līberālēs	»freie Künste« *(antiker Schulfachkanon)*
	numerāre in	rechnen/zählen zu
	aes, aeris *n.*	Erz, Bronze; Geld
	ingenium	Charakter, Begabung, Talent
5	tamdiū … quamdiū	so lange … wie
	dīgnus, a, um + *Abl.*	(jemandes) würdig
	discere, discō, didicī	lernen
	an *(abh. Frage)*	ob
	prōmittere, -mittō, -mīsī, -missum	versprechen
10	versārī	sich aufhalten; sich beschäftigen (mit)
	metus, ūs *m.*	Furcht
	frūstrā	vergeblich
	docēre, doceō, docuī	lehren, unterrichten
	quisquis	jeder, der

Wichtige Stilmittel und ihre Funktionen

Alliteration (die)	Gleicher Anlaut in aufeinanderfolgenden Wörtern: *(nemo beate vivit) sine sapientiae studio:* Alliteration unterstreicht die Bedeutung der Weisheit.
Anápher (die)	Wiederaufnahme des gleichen Wortes am Anfang aufeinanderfolgender Wortgruppen oder Sätze: *quid mihi prodest philosophia, si fatum est; quid prodest, si deus rector est; quid prodest, si casus imperat:* Das anaphorische Wiederholen der Fragen betont die Relevanz der Frage nach dem Nutzen der Philosophie.
Antithese (die)	Gegenüberstellung gedanklich entgegengesetzter Wörter, Wortgruppen oder Sätze: *(plus operis est in eo,) ut proposita custodias quam ut honesta proponas:* Der Gegensatz von lebenspraktischer Beständigkeit und bloßen Vorsätzen wird betont.
Asýndeton (das)	*quaedam tempora eripiuntur, quaedam subducuntur, quaedam effluunt:* Die Auslassung der Konjunktion *et/aut* lässt den Ausdruck knapper wirken.
Chiasmus (der)	Überkreuzstellung einander entsprechender Begriffe oder Satzteile (benannt nach dem griechischen Buchstaben X = Chi): *(haec docebit,) ut **deum** sequaris,* *feras **casum*** Die Wortstellung verdeutlicht die Parallelisierung und zugleich Gegenüberstellung von *deus/casus* sowie *sequi/ferre*.
Ellipse (die)	Auslassung von Wörtern oder Satzteilen: *(magna pars vitae elabitur male agentibus,) maxima <pars vitae elabitur> nihil agentibus:* Die Auslassungen der vorher genannten Satzglieder machen die Aussage knapper und eindringlicher.
Hypérbaton (das)	Zusammengehörige Wörter eines Satzglieds sind von anderen Wörtern getrennt: *nullum habeo dominum:* Die Sperrung von *nullum … dominum* hebt die Verneinung besonders hervor.
Klimax (die)	Qualitative oder quantitative Steigerung *prope est a te deus, tecum est, intus est:* Die Steigerung vom Äußeren über die Nähe bis zum Innersten hebt die göttliche Natur des Menschen hervor.

Metápher (die)	Bildhafter Ausdruck bzw. Wort mit einer uneigentlichen Bedeutung: *tempus, quod excidebat, collige et serva:* Die Zeit wird hier wie ein konkreter Gegenstand (z. B. Geld) verwendet.
Metonymíe (die)	Ein Wort wird durch ein anderes aus einem verwandten Sachbereich ersetzt: *sapientia ~ philosophia:* Die Weisheit steht oft für die Philosophie, weil Philosophieren im Idealfall zu weisem Handeln führt.
Parádoxon (das)	Überraschende Aussage, die auf den ersten Blick nicht sinnvoll erscheint: *dum differtur vita transcurrit:* Die scheinbar widersprüchliche Gleichsetzung von Aufschieben und Vorübergehen der Lebenszeit soll den Hörer provozieren.
Parallelismus (der)	gleicher Bau einander entsprechender Satzglieder bei annähernd gleicher Wortzahl: *post amicitiam credendum est, ante amicitiam iudicandum:* Die verschiedenen Arten, richtig mit Freundschaft umzugehen, werden parallelisierend aufgezählt.
Personifikation (die)	Personifizierung von Sachen oder Abstrakta: *philosophia adhortat, ut fortunae pareamus:* Die Philosophie und die *fortuna* erscheinen als personale bzw. göttliche Macht.
Rhetorische Frage (die)	Scheinfrage, die keine explizite Antwort verlangt, sondern die vom Leser/Hörer im Kopf beantwortet wird: *si hominem videris interritum, non subibit te veneratio eius?* Jeder würde in diesem Falle voller Bewunderung sein – die rhetorische Frage drückt eine Selbstverständlichkeit aus.
Tríkolon (das)	Dreigliedriger Ausdruck: *prope est a te deus, tecum est, intus est:* Die drei Eigenschaften werden hier besonders hervorgehoben.

Wichtige Stilmittel und ihre Funktionen

Namensverzeichnis

Akademie: Schule Platons in Athen.

Aristóteles (384–324 v. Chr.): Griechischer Philosoph und bedeutendster Schüler Platons; hatte in Athen seine Schule (Perípatos).

Chrysípp (3. Jh. v. Chr.): Vertreter der älteren Stoa.

Epikúr (341–271 v. Chr.): Griechischer Philosoph von Samos; gründete 306 v. Chr. in Athen seine Schule.

Górgias (ca. 485–380 v. Chr.): Griechischer »Sophist« bzw. Rede- und Philosophielehrer aus Leontinoi.

Karnéades (ca. 214–129 v. Chr.): Griechischer Philosoph aus Kyrene; leitete die Platonische Akademie bis 137 v. Chr.

Marc Aurél: Römischer Kaiser (161–180 n. Chr.).

Nero: Römischer Kaiser (54–68 n. Chr.).

Panaítios (2. Jh. v. Chr.): Griechischer Philosoph der Stoa; lebte zeitweilig in Rom.

Perípatos: Schule des Aristoteles.

Platon (427–347 v. Chr.): Griechischer Philosoph und berühmtester Schüler des Sokrates. Gründete in Athen eine eigene Schule (Akademie).

Poseidónios (1./2. Jh. v. Chr.): Philosoph der mittleren Stoa; lebte auf Rhodos; Lehrer Ciceros.

Protágoras (ca. 480–410 v. Chr.): Griechischer »Sophist« bzw. Rede- und Philosophielehrer.

Quintilián (ca. 35–96 n. Chr.): Berühmter Redelehrer; erhielt den ersten öffentlichen Rhetoriklehrstuhl in Rom.

Seneca der Ältere (ca. 55 v. Chr.–40 n. Chr.): Vater des Philosophen Seneca; berühmter Rhetoriker.

Sókrates (470–399 v. Chr.): Athenischer Philosoph und Lehrer Platons.

Vergíl (70–19 v. Chr.): Dichter aus der Zeit des Augustus; dichtete u. a. die *Aeneis*.

Zénon (4./3. Jh. v. Chr.): Gründer der stoischen Schule in Athen.